무료 토플 스타강사의 토플 공략법 보는 방법

방법 고우해커스(goHackers.com) 접속 ▶ TOEFL 메뉴 ▶
'토플 공부전략' 클릭하여 보기

무료 토플 라이팅/스피킹 첨삭 게시판 이용 방법

방법 고우해커스(goHackers.com) 접속 ▶ TOEFL 메뉴 ▶
'라이팅 게시판' 또는 '스피킹 게시판' 클릭하여 이용하기

무료 단어암기자료 다운로드 방법

방법 해커스인강(HackersIngang.com) 접속 ▶
상단 메뉴 [MP3/자료 → 무료 MP3/자료]
클릭하여 다운받기

* QR코드로 [MP3/자료] 바로 가기

무료 교재 MP3 이용 방법

방법 해커스인강(HackersIngang.com) 접속 ▶
상단 메뉴 [MP3/자료 → 문제풀이 MP3]
클릭하여 이용하기

* QR코드로 [교재 MP3] 바로 가기

HACKERS
LISTENING intro

해커스 어학연구소

서문

출간 이후 수년간 영어 학습의 정통서로서 신뢰를 얻고 있는 해커스 교재 시리즈에 영어 입문 학습자들을 위한 '해커스 인트로 시리즈(Hackers Intro Series)'를 더하여 출간하게 되었습니다. 특히 '해커스 리스닝 인트로(Hackers Listening Intro)'는 영어 청취 학습의 첫 단추를 끼우려는 학습자들을 위해 꼭 필요한 내용만을 분석하여 완성한 '영어 청취 시작서' 입니다.

'해커스 리스닝 인트로'에는 기초 학습자들이 순차적 흐름을 자연스럽게 따라가면서 기초 실력을 쌓을 수 있는 단계 학습 프로그램이 적용되어 있습니다. 교재 전체를 3단계로 구성하였고, 핵심이 되는 2단계에서는 영어 시험들에 실제 출제될 만한 '듣기문제유형'을 체계적인 학습 흐름의 구조로 전개하였습니다. 학습자 수준에 맞게 선택이 가능하도록 고안된 학습플랜 역시 실력 배양의 탄탄한 밑거름이 될 것입니다. 또한, 시험에 자주 출제되는 듣기유형을 선별하여 각 유형에 맞는 핵심 전략을 제시하고, 그 전략에 비추어 정답이 되는 단서와 당위성을 따져봄으로써 모든 듣기시험 유형에 대처할 수 있는 논리력을 배양하도록 한 점은 요령이 아닌 정공법 학습을 철학으로 하는 해커스정신이 그대로 살아있는 것이라고 할 수 있습니다.

'해커스 리스닝 인트로'를 학습할 때 실시간 토론과 정보 공유의 장인 해커스 토플 사이트(www.goHackers.com)에서 학습 내용의 궁금증을 나누고, 다양한 무료 영어 학습 자료를 함께 이용한다면 학습효과를 훨씬 높일 수 있습니다. 정직한 교육을 모토(motto)로 하는 해커스 어학연구소에서 오랜 기간 연구를 거쳐 탄생시킨 '해커스 리스닝 인트로'를 통해 여러분들이 정상을 향해 가는 첫 발걸음을 잘 다질 수 있기를 바랍니다.

해커스 어학연구소

목차

특징 알아보기	6
구성 미리보기	8
학습플랜	12
학습방법	16

듣기기초 트레이닝

연음 듣기	20
끊어 듣기	24

문제유형 트레이닝

1. 중심 내용 파악하기 Main Purpose/Topic 유형   29
2. 세부 사항 파악하기 Detail 유형   45
3. 화자의 의도와 태도 파악하기 Function & Attitude 유형   61
4. 정보의 관계 파악하기 Connecting Contents 유형   77
5. 추론 및 목적 파악하기 Inference & Purpose 유형   95

듣기실전 트레이닝

실전 연습 1   112
실전 연습 2   118

정답 • 해석 • 해설   125

특징 알아보기

리스닝 인트로, 이런 점이 좋아요!

 ## 듣기 초보자의 효과적 학습을 위한 구성

3단계 구성
영어 듣기를 처음 공부하는 학습자가 듣기 실력을 쉽게 향상시킬 수 있도록 본문 전체가 '듣기기초 트레이닝 → 문제유형 트레이닝 → 듣기실전 트레이닝'의 3단계로 구성되어 있습니다. 이 3단계를 거치면서 기초부터 실전까지 듣기 실력을 차근차근 키울 수 있습니다.

3가지 학습플랜 제시
현재 학습자의 실력에 맞게 효과적인 듣기 학습을 할 수 있도록 3가지 스타일의 학습플랜을 제시하였습니다. '왕초보 탈출형', '초보 탈출형', 그리고 '시험 입문형'의 다각적인 학습플랜을 제공함으로써, 영어 듣기를 처음 시작하는 학습자들이 자신의 수준에 맞게 체계적으로 영어 듣기를 학습 할 수 있습니다.

 ## 듣기 실력 향상을 위한 기초 활동

기초 실력을 쌓는 듣기기초 트레이닝
기본적인 듣기 실력을 다지는 데 필수인 '연음 듣기'와 '끊어 듣기'를 연습해 볼 수 있도록 구성하여 본격적인 듣기 학습을 위한 기초를 쌓을 수 있도록 하였습니다. 잘 들리지 않던 영어 단어들을 쉽게 듣고, 머리 속에서 엉키던 긴 영어 문장을 차근차근 들을 수 있는 능력을 키울 수 있습니다.

핵심 문장 받아쓰기
듣기 실력을 기르는 데 가장 효율적인 방법인 받아쓰기를 책 전체를 통해 연습해 볼 수 있습니다. 지문을 단순히 듣고 지나치는 것이 아니라 핵심 문장들을 반복하여 듣고 직접 받아써보는 연습을 해봄으로써, 듣기 실력의 토대를 단단히 다질 수 있습니다.

HACKERS
Listening Intro

 ## 논리적으로 듣기 시험에 접근하는 시험 대비 학습

모든 시험에 적용 가능한 유형별 핵심 전략
영어 듣기 시험에 공통적으로 요구되는 능력을 분석하여, 각 유형에 적절하게 대응할 수 있는 핵심 전략을 제시하였습니다. 이러한 전략을 '유형 연습'과 '유형 정복'을 통해 실제로 적용시켜보는 연습을 해봄으로써 어떤 시험에서도 논리적으로 문제를 풀 수 있는 감각을 기를 수 있습니다.

논리적 사고를 통한 문제 풀이 접근
'정답·해석·해설'에서 단순히 정답만을 제시하는 것이 아니라, '문제유형 트레이닝'에서 익힌 전략을 적용하여 정답을 찾는 방법을 알려주고 있습니다. 또한 정답의 단서와 지문 흐름의 구조를 보여줌으로써 논리적으로 문제를 풀 수 있는 능력을 기를 수 있습니다.

 ## 웹사이트와 함께 하는 해커스 입체 구조 학습

온라인 커뮤니케이션을 통한 입체 학습
온라인 토론과 정보 공유의 장, 해커스 토플 웹사이트(www.goHackers.com)에서 책에 관한 문의 정보를 함께 나누고, 의문점을 함께 해결해 나갈 수 있습니다. 뿐만 아니라, 무료로 제공되는 다양한 학습자료를 이용하면 학습 재미와 효과는 배가 될 것입니다.

학습 효과를 높이는 동영상 강의 학습
해커스 동영상강의 포털 해커스인강(www.HackersIngang.com)에서 제공되는 동영상 강의를 통해 교재 학습 효과를 최대화할 수 있습니다.

단어 암기 MP3 무료 제공
해커스 동영상강의 포털 해커스인강(www.HackersIngang.com)에서 교재 Vocabulary 섹션의 모든 어휘의 음성 파일을 무료로 다운받을 수 있습니다.

구성 미리보기

리스닝 인트로, 미리 살펴봐요!

듣기기초 트레이닝

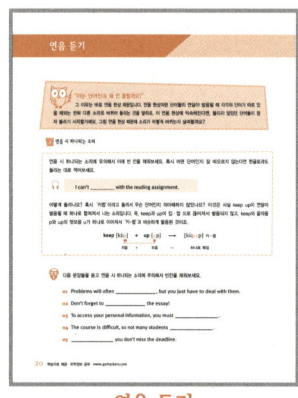
연음 듣기

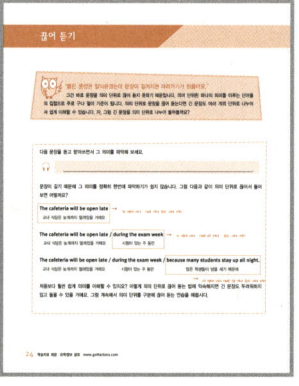
끊어 듣기

문제유형 트레이닝

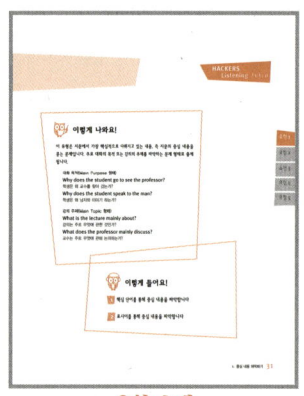
유형 소개

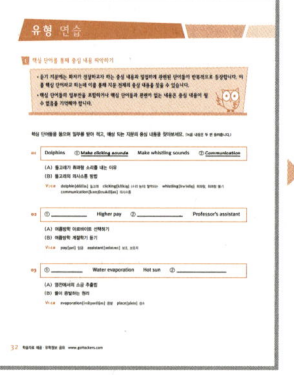
유형 연습

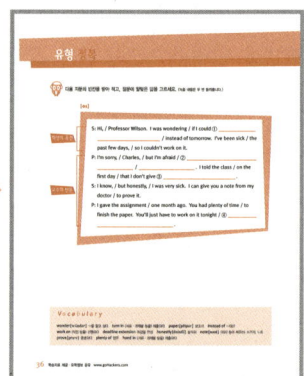
유형 정복

듣기실전 트레이닝

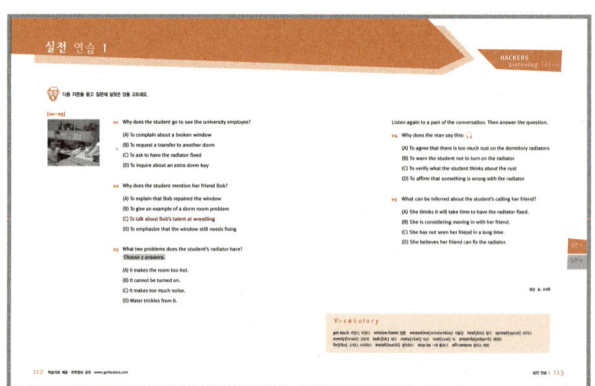
실전 연습

HACKERS Listening Intro

연음 듣기   단어들이 연이어 발음될 때 소리가 어떻게 바뀌는 지를 학습해봅니다. 연음 시 하나되는 소리, 연음 시 탈락되는 소리, 연음 시 변화되는 소리의 원리에 대해 구체적으로 배우고 연습해 볼 수 있습니다.

끊어 듣기   영어 문장을 의미 단위로 끊어 듣는 것을 학습해봅니다. 이를 통해, 짧은 문장뿐만 아니라 긴 문장을 듣는 것에도 자신감을 가질 수 있습니다.

유형 소개   학습을 준비하는 단계로, 각 유형을 삽화를 통해 알기 쉽게 설명하였습니다. '이렇게 나와요'에서 질문의 형태를 보여주고, '이렇게 들어요'에서 문제 풀이를 위한 전략을 간단히 소개합니다.

유형 연습   유형 소개에서 나온 전략을 상세한 설명과 함께 구체적으로 제시하고, 이를 직접 적용해보는 연습을 해 볼 수 있는 간단한 문제들로 구성되어 있습니다.

유형 정복   유형 연습에서 익힌 전략을 좀 더 긴 지문들을 통해 본격적으로 연습해보며, 해당 유형을 집중적으로 점검해볼 수 있습니다. 먼저 2개의 지문은 직접 스크립트을 보며 문장을 받아써본 뒤 문제를 풀고, 나머지 지문들은 스크립트 없이 문제를 풀게 됩니다.

실전 연습   실제 시험과 유사하게 구성된 문제를 풀어보며 문제유형 트레이닝에서 익힌 모든 유형을 종합적으로 연습해봄으로써 실전에 대비할 수 있도록 하였습니다.

구성 미리보기

리스닝 인트로, 미리 살펴봐요!

정답 · 해석 · 해설

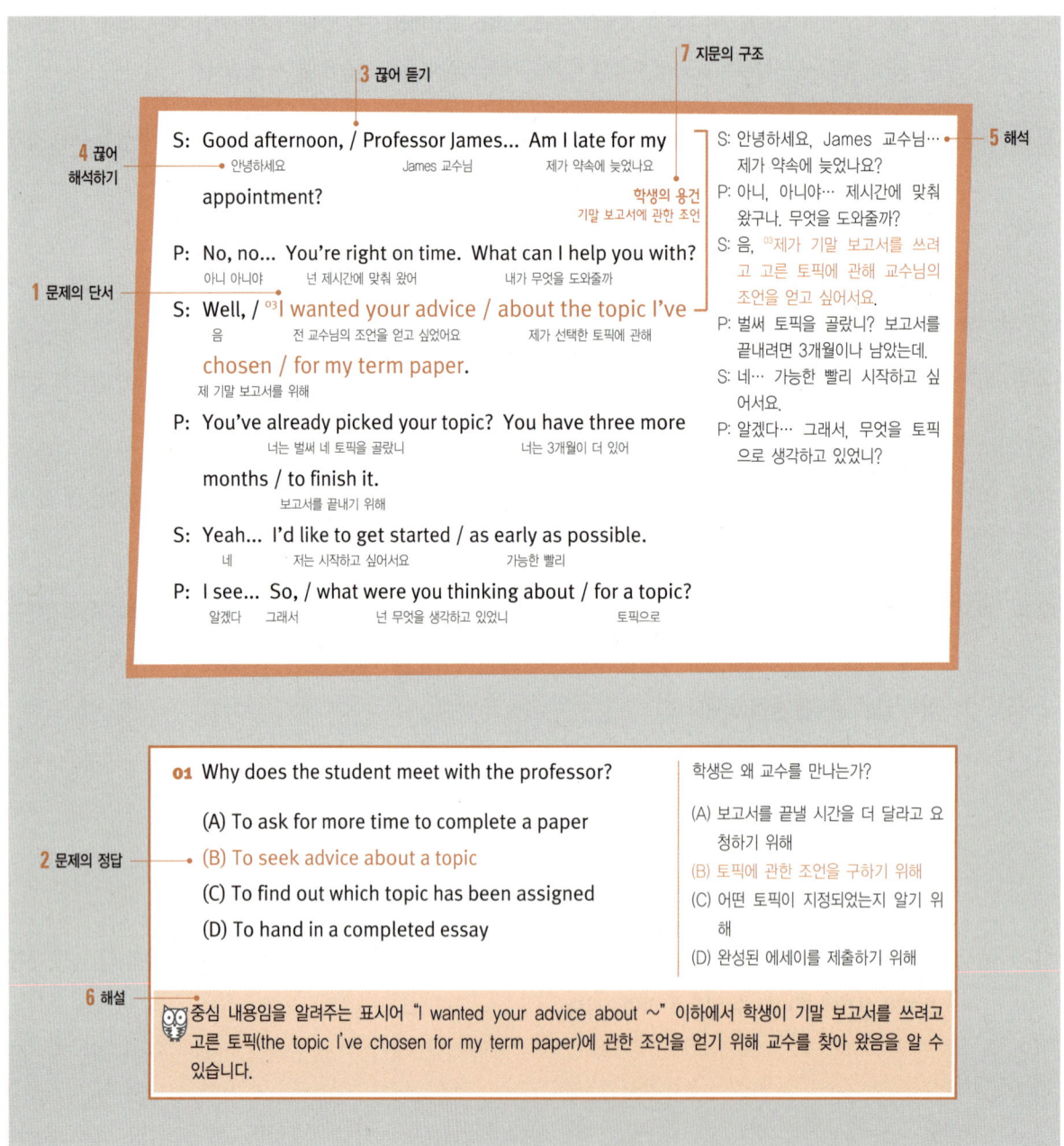

HACKERS Listening Intro

1 문제의 단서
문제를 풀 때 단서가 되는 부분을 왼쪽에 해당 문제의 번호와 함께 지문에 오렌지색으로 표시하였습니다.

2 문제의 정답
문제의 정답은 모두 오렌지색으로 표시하여 한 눈에 쉽게 알 수 있도록 하였습니다.

3 끊어 듣기
모든 지문 속의 문장을 의미 단위로 끊어 듣기 표시를 하여 긴 문장도 쉽게 들을 수 있도록 하였습니다.

4 끊어 해석하기
끊어 듣기된 문장에 맞추어 하단에 의미 단위로 끊어 해석하기를 제공하였습니다.

5 해석
끊어 해석하기와는 별도로 자연스러운 해석을 수록하였으며, 정답의 단서에 해당하는 해석 부분을 오렌지색으로 표시하였습니다.

6 해설
모든 문제에 유형별 전략을 적용하여 설명하는 상세한 해설을 수록하였습니다.

7 지문의 구조
지문의 구조를 표시하여 지문의 흐름을 한 눈에 이해할 수 있도록 하였습니다.

학습플랜

리스닝 인트로, 나에게 맞는 학습플랜을 찾아봐요!

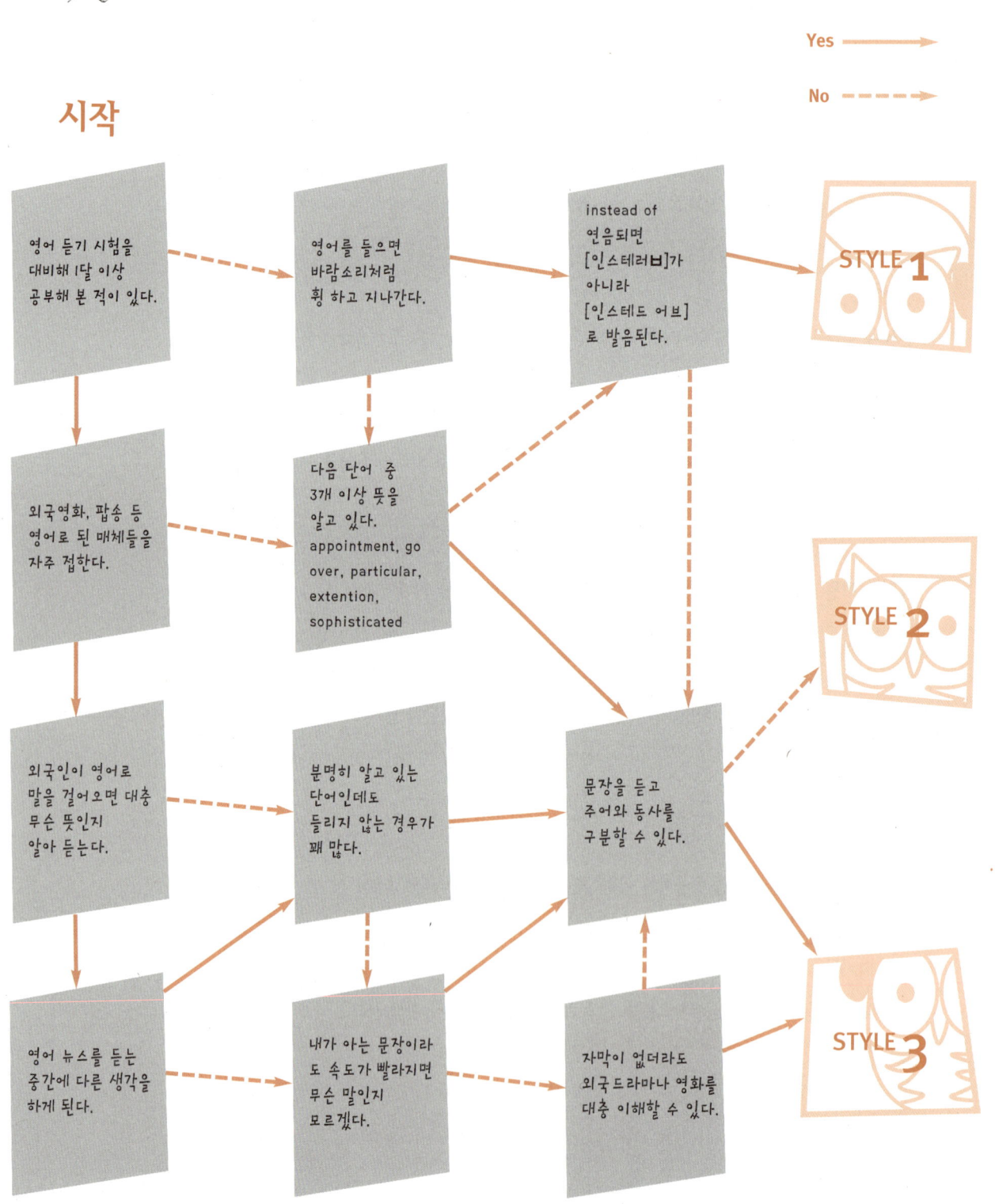

HACKERS
Listening Intro

STYLE 1 왕초보 탈출형	문제점	쉬운 단어도 잘 안 들린다
	학습기간	6주
	학습목표	영어에 대한 두려움을 극복하고 왕초보를 탈출하자

듣기기초 트레이닝

- 먼저 2일 동안 '듣기기초 트레이닝'을 통해 기초를 탄탄히 다진다.
  첫째 날은 '연음 듣기', 둘째 날은 '끊어 듣기'를 꼼꼼히 학습한다.

문제유형 트레이닝

- '문제유형 트레이닝'의 한 유형을 4일 동안 학습한다.
  첫째 날, 해당 유형의 Vocabulary 섹션에 나오는 단어와 표현을 따로 정리하여 암기한다.
  둘째 날, 앞서 학습했던 단어와 표현을 기억하며 '유형 연습'을 학습한다.
  셋째 날, '유형 연습'에서 배운 내용을 '유형 정복'에서 심화 학습한다.
  넷째 날, 이해가 잘 가지 않았던 부분, 잘 들리지 않던 부분 등을 중심으로 '해석·해설'과 함께 꼼꼼히 확인해 본다.
- 20일 동안 5개 문제유형의 학습이 끝나면 하루 동안 전체 단어와 표현을 복습한다.
- 단어 복습이 끝나면, 하루 동안 틀린 문제를 중심으로 복습한다.

듣기실전 트레이닝

- '듣기실전 트레이닝'을 5일 동안 학습한다.
  첫째 날, '실전 연습 1'을 학습한다.
  둘째 날, '실전 연습 1'을 복습한다.
  셋째 날, '실전 연습 2'를 학습한다.
  넷째 날, '실전 연습 2'를 복습한다.
  다섯째 날, '실전 연습 1'과 '실전 연습 2'에서 틀린 문제를 중심으로 복습한다.

	Day 1	Day 2	Day 3	Day 4	Day 5
Week 1	듣기기초: 연음 듣기	듣기기초: 끊어 듣기	문제 유형 1 단어	문제 유형 1 유형연습	문제 유형 1 유형정복
Week 2	문제 유형 1 복습	문제 유형 2 단어	문제 유형 2 유형연습	문제 유형 2 유형정복	문제 유형 2 복습
Week 3	문제 유형 3 단어	문제 유형 3 유형연습	문제 유형 3 유형정복	문제 유형 3 복습	문제 유형 4 단어
Week 4	문제 유형 4 유형연습	문제 유형 4 유형정복	문제 유형 4 복습	문제 유형 5 단어	문제 유형 5 유형연습
Week 5	문제 유형 5 유형정복	문제 유형 5 복습	전체 단어 복습	총 복습	듣기실전: 실전 연습 1
Week 6	듣기실전: 실전 연습 1 복습	듣기실전: 실전 연습 2	듣기실전: 실전 연습 2 복습	듣기실전 복습	총 정리

학습플랜

리스닝 인트로, 나에게 맞는 학습플랜을 찾아봐요!

STYLE 2
초보 탈출형

문제점	들리긴 하는데 바로 이해가 안 된다
학습기간	4주
학습목표	귀에 들리는 영어를 이해해서 초보를 탈출하자

듣기기초 트레이닝

- 하루 동안 '듣기기초 트레이닝', 즉, '연음 듣기'와 '끊어 듣기'를 모두 학습한다.

문제유형 트레이닝

- '문제유형 트레이닝'의 한 유형을 3일 동안 학습한다.
  첫째 날 '유형 연습'을 학습한다.
  둘째 날 '유형 정복'을 학습한다.
  셋째 날 이해가 잘 되지 않았던 부분, 잘 들리지 않던 부분 등을 중심으로 해석·해설과 함께 꼼꼼히 확인해 본다.

듣기실전 트레이닝

- '듣기실전 트레이닝'을 3일 동안 학습한다.
  첫째 날, '실전 연습 1'을 학습한다.
  둘째 날, '실전 연습 2'를 학습한다.
  셋째 날, '실전 연습 1'과 '실전 연습 2'에서 틀린 문제를 중심으로 복습한다.

	Day 1	Day 2	Day 3	Day 4	Day 5
Week 1	듣기기초	문제유형 1 유형 연습	문제유형 1 유형 정복	문제유형 1 복습	문제유형 2 유형 연습
Week 2	문제유형 2 유형 정복	문제유형 2 복습	문제유형 3 유형 연습	문제유형 3 유형 정복	문제유형 3 복습
Week 3	문제유형 4 유형 연습	문제유형 4 유형 정복	문제유형 4 복습	문제유형 5 유형 연습	문제유형 5 유형 정복
Week 4	문제유형 5 복습	듣기실전: 실전 연습 1	듣기실전: 실전 연습 2	듣기실전 복습	총 정리

HACKERS
Listening Intro

	문제점	문제유형에 익숙하지 않다
	학습기간	3주
	학습목표	문제 유형에 익숙해져서 시험에 입문하자

듣기기초 트레이닝

- 하루 동안 '듣기기초 트레이닝', 즉, '연음 듣기'와 '끊어 듣기'를 모두 학습한다.

문제유형 트레이닝

- '문제유형 트레이닝'의 한 유형을 2일 동안 학습한다.
  첫째 날 '유형 연습'을 학습한 뒤 복습한다.
  둘째 날 '유형 정복'을 학습한 뒤 복습한다.

듣기실전 트레이닝

- '듣기실전 트레이닝'을 3일 동안 학습한다.
  첫째 날, '실전 연습 1'을 학습한다.
  둘째 날, '실전 연습 2'를 학습한다.
  셋째 날, '실전 연습 1'과 '실전 연습 2'에서 틀린 문제를 중심으로 복습한다.

	Day 1	Day 2	Day 3	Day 4	Day 5
Week 1	듣기기초	문제유형 1 유형 연습	문제유형 1 유형 정복	문제유형 2 유형 연습	문제유형 2 유형 정복
Week 2	문제유형 3 유형 연습	문제유형 3 유형 정복	문제유형 4 유형 연습	문제유형 4 유형 정복	문제유형 5 유형 연습
Week 3	문제유형 5 유형 정복	듣기실전: 실전 연습 1	듣기실전: 실전 연습 2	듣기실전 복습	총 정리

학습방법

리스닝 인트로, 이렇게 공부하면 더 좋아요!

집중력을 발휘할 수 있는 개별 학습!

1. 책에서 제시된 '학습플랜'에서 본인에게 맞는 스타일을 찾는다. 이때 학습기간은 본인의 여건에 따라 변경이 가능하다. 여유가 있는 사람은 해당 기간을 2배로 잡아 꼼꼼히 공부할 수 있으며, 반대의 경우 시간을 반으로 줄여 속성으로 책을 학습할 수 있다.
2. 문제를 다 푼 후 정답을 맞추어 보고, 틀린 부분은 왜 틀렸는지 반드시 확인하며, 오답 노트를 만들어 정리한다.
3. goHackers.com → 해커스 Books → 리스닝 Q&A에 질문을 올려 이해가 되지 않는 부분을 짚고 넘어간다.
4. HackersIngang.com → MP3/자료 → 토플 → 무료MP3/자료에서 단어 암기 MP3를 다운받아 그날 학습한 단어를 반복적으로 들으면서 암기한다.
5. 실전에 임하는 자세로 '듣기실전 트레이닝'을 풀어본다.

건전한 자극이 되는 스터디 학습!

1. 스터디를 시작하기 전 미리 공부할 분량을 정해 해당 부분을 각자 예습한다.
2. 스터디 시작 시에 해당 부분에 나왔던 어휘를 중심으로 쪽지 시험을 치른다.
3. 예습한 내용을 토대로 스터디 시간에 '유형 연습'과 '유형 정복'을 실제 시험을 보듯이 풀어본다. 이때 음성은 단 한 번만 듣고 푸는 것이 효과적이며, 틀린 문제에 대한 벌금 제도는 학습에 건전한 자극이 될 수 있다.
4. 문제를 다 푼 후 정답을 맞추고, 틀린 문제는 왜 틀렸는지 반드시 팀원들과 함께 확인한다. 틀린 문제는 따로 모아 다시 한 번 더 풀어보고 미심쩍은 문제가 하나도 남지 않도록 한다. 스터디 후에는 해당 문장의 음성을 들으며 크게 말하는 연습을 여러 번 반복한다.
5. goHackers.com → 해커스 Books → 리스닝 Q&A에 질문을 올려 이해가 되지 않는 부분을 짚고 넘어간다.
6. HackersIngang.com → MP3/자료 → 토플 → 무료MP3/자료에서 단어 암기 MP3를 다운받아 그날 학습한 단어를 반복적으로 들으면서 암기한다.
7. 스터디 팀원들과 함께 실제 시험을 보는 기분으로 '듣기실전 트레이닝'을 풀어본다.

HACKERS
Listening Intro

언제 어디서나 함께 하는 동영상 학습!

1. 동영상 학습은 시간에 구애를 받지 않는다는 장점이 있으나, 굳은 의지가 없으면 자꾸 미루게 될 수 있으므로 시작 전에 공부 시간과 계획을 미리 정해두고 꼭 지키도록 자신과 약속한다.
2. 본문 내용을 학습하고 문제를 풀어보면서 모르는 부분을 표시해 놓았다가, 강의를 보면서 그 부분을 집중적으로 듣고, 중요한 설명을 필기하여 '나만의 정리 노트'를 만든다.
3. HackersIngang.com → 추천교재 → 토플 → 해커스 리스닝 인트로 → 교재 Q&A를 통해 이해되지 않는 부분을 반드시 짚고 넘어간다.
4. goHackers.com → 해커스 Books → 리스닝 Q&A에 질문을 올려 이해가 되지 않는 부분을 짚고 넘어간다.
5. HackersIngang.com → MP3/자료 → 토플 → 무료MP3/자료에서 단어 암기 MP3를 다운받아 그날 학습한 단어를 반복적으로 들으면서 암기한다.
6. 실전에 임하는 자세로 '듣기실전 트레이닝'을 풀어본다.

선생님과 함께 하는 학원 학습!

1. 결석하지 않고 매일 학원에 출석하겠다는 의지를 가지고 수업에 임한다. 수업을 집중해서 듣고, 이해되지 않는 부분은 반드시 질문한다. 수업 시간에 질문할 기회가 없었다면, 쉬는 시간을 이용해 반드시 확인하고 넘어간다. 해커스 어학원생의 경우, 학원 사이트 Hackers.ac/반별게시판을 이용하여 질문한다.
2. 수업이 끝나면 반드시 그날 배운 부분을 복습하고, 오답노트를 만들어 틀렸거나 잘 이해되지 않았던 문제들을 정리하여 나만의 것으로 만든다.
3. goHackers.com → 해커스 Books → 리스닝 Q&A에 질문을 올려 이해가 되지 않는 부분을 짚고 넘어간다.
4. HackersIngang.com → MP3/자료 → 토플 → 무료MP3/자료에서 단어 암기 MP3를 다운받아 그날 학습한 단어를 반복적으로 들으면서 암기한다.
5. 실전에 임하는 자세로 '듣기실전 트레이닝'을 풀어본다.

www.goHackers.com
학습자료 제공 · 유학정보 공유

HACKERS Listening Intro
듣기기초 트레이닝

연음 듣기
끊어 듣기

연음 듣기

"아는 단어인데 왜 안 들릴까요?"
그 이유는 바로 연음 현상 때문입니다. 연음 현상이란 단어들이 연달아 발음될 때 각각의 단어가 따로 있을 때와는 전혀 다른 소리로 바뀌어 들리는 것을 말하죠. 이 연음 현상에 익숙해진다면, 들리지 않았던 단어들이 점차 들리기 시작할거예요. 그럼 연음 현상 때문에 소리가 어떻게 바뀌는지 살펴볼까요?

1 연음 시 하나되는 소리

연음 시 하나되는 소리에 유의해서 아래 빈 칸을 채워보세요. 혹시 어떤 단어인지 잘 떠오르지 않는다면 한글로라도 들리는 대로 적어보세요.

I can't _____ with the reading assignment.

어떻게 들리나요? 혹시 '키펍'이라고 들려서 무슨 단어인지 의아해하지 않았나요? 이것은 사실 keep up이 연달아 발음될 때 하나로 합쳐져서 나는 소리입니다. 즉, keep[kiːp]과 up[ʌp]이 킵·업 으로 끊어져서 발음되지 않고, keep의 끝자음 [p]와 up의 첫모음 [ʌ]가 하나로 이어져서 '키-펍'과 비슷하게 발음된 것이죠.

$$\text{keep } [kiːp] \quad + \quad \text{up } [ʌp] \quad \rightarrow \quad [kiːpʌp] \text{ 키-펍}$$

자음 + 모음 → 하나로 묶임

다음 문장들을 듣고 연음 시 하나되는 소리에 주의해서 빈칸을 채워보세요.

01 Problems will often _____, but you just have to deal with them.

02 Don't forget to _____ the essay!

03 To access your personal information, you must _____.

04 The course is difficult, so not many students _____.

05 _____ you don't miss the deadline.

2 연음 시 탈락되는 소리

연음 시 탈락되는 소리에 유의해서 아래 빈 칸을 채워보세요. 혹시 어떤 단어인지 잘 떠오르지 않는다면 한글로라도 들리는 대로 적어보세요.

🎧 My _____ goal is to improve my writing.

이번에는 어떻게 들렸나요? 쇼-텀? 네! 비슷해요. 그럼 이건 무슨 단어일까요? 이것은 바로 short와 term이 연달아 발음될 때 앞소리가 탈락되어 나는 소리입니다. 즉, short[ʃɔːrt]와 term[təːrm]이 쇼트·텀 으로 끊어져서 발음되지 않고, short의 끝자음 [t]가 탈락되어서 '쇼r-텀'으로 발음된 것이죠.

short [ʃɔːrt] + term [təːrm] → [ʃɔːrtəːrm] 쇼r-텀

자음 + 같거나 유사한 자음 → 앞 자음 탈락

 다음 문장들을 듣고 연음 시 탈락되는 소리에 주의해서 빈칸을 채워보세요.

06 What makes this business _____?

07 We went on a field trip _____.

08 The _____ about this class is the guest speakers.

09 Small mammals _____ be more aggressive when they are in danger.

10 You were _____ finish your paper yesterday.

정답 p. 126

연음 듣기

3 연음 시 변화되는 소리 ①

연음 시 변화되는 소리에 유의하여 아래 빈 칸을 채워보세요. 혹시 어떤 단어인지 잘 떠오르지 않는다면 한글로라도 들리는 대로 적어보세요.

🎧 I _____ e-mail. _____ please explain the reason?

가츄어? 쿠쥬? 왠지 영어가 아닌 다른 단어처럼 들리지 않았나요? 이것은 got your와 Could you가 연달아 발음될 때 각각 변화되어 나는 소리입니다. 즉, got[gɑt]과 your[juər]가 갓·유어 로 끊어져서 발음되지 않고 got의 끝자음 t와 you의 앞소리 y가 만나서 '가츄어'로 발음되고, Could[kud]와 you[juː]가 쿠드·유 대신 Could의 끝자음 d와 you의 앞소리 y가 만나서 '쿠쥬'로 발음된 것입니다.

got [gɑt] + **your** [juər] → [gɑtʃuər] 가츄어
자음 t + 반자음 j → tʃ 소리로 변화

could [kud] + **you** [juː] → [kudʒuː] 쿠쥬
자음 d + 반자음 j → dʒ 소리로 변화

🦉 다음 문장들을 듣고 연음 시 변화되는 소리에 주의해서 빈칸을 채워보세요.

11 I will _____ an e-mail.

12 I _____ advice about the exam.

13 I can't _____ take the exam again because it would be unfair.

14 Why _____ come and see me this afternoon?

15 I know _____ mean, but you should reconsider your decision.

4 연음 시 변화되는 소리 ②

연음 시 변화되는 소리에 유의하여 아래 빈 칸을 채워보세요. 혹시 어떤 단어인지 잘 떠오르지 않는다면 한글로라도 들리는 대로 적어보세요.

🎧 I don't understand _____. Can I take another topic _____ that?

에롤? 인스테러브? 이건 무슨 단어들일까요? 이것은 바로 at all과 instead of가 연달아 발음될 때 각각 변화되어 나는 소리입니다. 즉, at[æt]과 all[ɔːl]이 엣·올로 끊어져서 발음되지 않고 at의 끝자음 [t]와 all의 첫모음 [ɔː]가 만나서 '에롤'로 발음되고, instead[instéd]와 of[ʌv]가 인스테드·어브 대신 instead의 끝자음 [d]와 of의 첫모음 [ʌ]가 만나서 '인스테러브'로 발음된 것이죠.

at [æt] + all [ɔːl] → [æd*ɔːl] 에롤
자음 t + 모음 → d* 소리로 변화

instead [instéd] + of [ʌv] → [instéd*ʌv] 인스테러브
자음 d + 모음 → d* 소리로 변화

d*: flap sound, 혀 끝이 윗잇몸을 스치고 지나가면서 나는 소리로, 우리말의 '기린'에서 'ㄹ' 소리와 유사한 소리

 다음 문장들을 듣고 연음 시 변화되는 소리에 주의해서 빈칸을 채워보세요.

16 They were _____ China.

17 Don't _____ the report.

18 He is _____ motivating the students.

19 _____ are we discussing in class today?

20 Jack always comes to class _____ time.

정답 p. 126

끊어 듣기

"짧은 문장은 알아듣겠는데 문장이 길어지면 따라가기 힘들어요."
그건 바로 문장을 의미 단위로 끊어 듣지 못하기 때문입니다. 의미 단위란 하나의 의미를 이루는 단어들의 집합으로 주로 구나 절이 기준이 됩니다. 의미 단위로 문장을 끊어 듣는다면 긴 문장도 여러 개의 단위로 나누어서 쉽게 이해할 수 있습니다. 자, 그럼 긴 문장을 의미 단위로 나누어 들어볼까요?

다음 문장을 듣고 받아쓰면서 그 의미를 파악해 보세요.

 _____ .

문장이 길기 때문에 그 의미를 정확히 한번에 파악하기가 쉽지 않습니다. 그럼 다음과 같이 의미 단위로 끊어서 들어보면 어떨까요?

The cafeteria will be open late → 첫 번째 의미 단위까지 듣고 의미 파악
교내 식당은 늦게까지 열려있을 거에요

The cafeteria will be open late / **during the exam week** → 두 번째 의미 단위(구)까지 듣고 의미 파악
교내 식당은 늦게까지 열려있을 거에요   시험이 있는 주 동안

The cafeteria will be open late / **during the exam week** / **because many students stay up all night.**
교내 식당은 늦게까지 열려있을 거에요   시험이 있는 주 동안   많은 학생들이 밤을 새기 때문에
→ 세 번째 의미 단위(절)까지 듣고 의미 파악

처음보다 훨씬 쉽게 의미를 이해할 수 있지요? 이렇게 의미 단위로 끊어 듣는 법에 익숙해지면 긴 문장도 두려워하지 않고 들을 수 있을 거에요. 그럼 계속해서 의미 단위를 구분해 끊어 듣는 연습을 해봅시다.

다음 문장을 듣고 빈칸에 들어갈 의미 단위를 채워보세요.

01 You have to study hard / _____.
당신은 공부를 열심히 해야 해요   중간고사를 위해

02 I don't have enough time / _____.
저는 충분한 시간이 없어요   숙제를 끝내기 위한

03 I was surprised / _____.
나는 놀랐었어   네가 시험을 통과하지 못했다는 것에

04 _____ / the importance of communication.
오늘 우리가 논의할 것은 ~입니다   의사소통의 중요성

05 I have a good idea / _____ / _____.
저는 좋은 아이디어가 있어요   연구 주제에 관한   당신이 지난 주에 내준

06 _____ / if I can register for classes / _____.
저는 궁금해요   제가 수업을 신청 할 수 있을지   다음 학기를 위한

기초

정답 p. 127

끊어 듣기 25

www.goHackers.com

학습자료 제공·유학정보 공유

HACKERS Listening Intro
문제유형 트레이닝

1. **중심 내용 파악하기**
   Main Purpose/Topic 유형
2. **세부 사항 파악하기**
   Detail 유형
3. **화자의 의도와 태도 파악하기**
   Function & Attitude 유형
4. **정보의 관계 파악하기**
   Connecting Contents 유형
5. **추론 및 목적 파악하기**
   Inference & Purpose 유형

www.goHackers.com

학습자료 제공 · 유학정보 공유

1. 중심 내용 파악하기

Main Purpose / Topic 유형

1. 중심 내용 파악하기
Main Purpose / Topic 유형

"중심 내용을 아는 것이 가장 중요해!"

교수님이 열심히 설명하시는 동안에 쿨쿨 졸던 Joseph군, 하지만 강의의 주제는 잘 알고 있군요. 졸면서도 중간 중간 중요한 단어들은 놓치지 않았기 때문이죠. 이처럼 듣기 시험에는 지문의 중심 내용을 묻는 Main Purpose/Topic 유형의 문제가 나옵니다. 이제 이 유형의 문제가 어떻게 출제되는지 자세히 알아볼까요?

HACKERS Listening Intro

 ## 이렇게 나와요!

이 유형은 지문에서 가장 핵심적으로 다뤄지고 있는 내용, 즉 지문의 중심 내용을 묻는 문제입니다. 주로 대화의 목적 또는 강의의 주제를 파악하는 문제 형태로 출제 됩니다.

대화 목적(Main Purpose 형태)
Why does the student go to see the professor?
학생은 왜 교수를 찾아 갔는가?
Why does the student speak to the man?
학생은 왜 남자와 이야기 하는가?

강의 주제(Main Topic 형태)
What is the lecture mainly about?
강의는 주로 무엇에 관한 것인가?
What does the professor mainly discuss?
교수는 주로 무엇에 관해 논의하는가?

유형 1
유형 2
유형 3
유형 4
유형 5

 ## 이렇게 들어요!

1 핵심 단어를 통해 중심 내용을 파악합니다

2 표시어를 통해 중심 내용을 파악합니다

1. 중심 내용 파악하기

유형 연습

1 핵심 단어를 통해 중심 내용 파악하기

- 듣기 지문에는 화자가 전달하고자 하는 중심 내용과 밀접하게 관련된 단어들이 반복적으로 등장합니다. 이를 핵심 단어라고 하는데 이를 통해 지문 전체의 중심 내용을 찾을 수 있습니다.
- 핵심 단어들의 일부만을 포함하거나 핵심 단어들과 관련이 없는 내용은 중심 내용이 될 수 없음을 기억해야 합니다.

핵심 단어들을 들으며 일부를 받아 적고, 예상 되는 지문의 중심 내용을 찾아보세요. (지문 내용은 두 번 들려줍니다.)

01

| Dolphins | ① **Make clicking sounds** | Make whistling sounds | ② **Communication** |

(A) 돌고래가 휘파람 소리를 내는 이유 → 핵심 단어들의 일부만을 포함
(B) 돌고래의 의사소통 방법 → 핵심 단어들을 모두 포함

Voca dolphin[dálfin] 돌고래   clicking[klíkiŋ] (소리 등이) 딸깍하는   whistling[hwísliŋ] 휘파람, 휘파람 불기
communication[kəmjùːnəkéiʃən] 의사소통

02

| ① _____ | Higher pay | ② _____ | Professor's assistant |

(A) 여름방학 아르바이트 선택하기
(B) 여름방학 계절학기 듣기

Voca pay[pei] 임금   assistant[əsístənt] 보조, 보조자

03

| ① _____ | Water evaporation | Hot sun | ② _____ |

(A) 염전에서의 소금 추출법
(B) 물이 증발하는 원리

Voca evaporation[ivæpəréiʃən] 증발   place[pleis] 장소

04 | Term paper | ① _____ | Information to include | ② _____ |

(A) 기말 보고서 쓰기
(B) 시험 성적 확인하기

Voca term paper 기말 보고서 outline [áutlàin] 개요 include [inklú:d] 포함하다 due [dju:] 마감의

05 | Application form | ① _____ | Switzerland | ② _____ |

(A) 새로운 문화에 적응하기
(B) 교환 학생 지원하기

Voca application [æpləkéiʃən] 지원 exchange [ikstʃéindʒ] 교환 Switzerland [swítsərlənd] 스위스

06 | Psychological disorder | ① _____ | ② _____ | Behavioral therapy |

(A) 아동 심리 장애의 치료법
(B) 약물 치료의 부작용

Voca psychological [sàikəládʒikəl] 심리적인 medical [médikəl] 약물의, 의학의 behavioral [bihéivjərəl] 행동의

07 | ① _____ | ② _____ | Produce various effects | Last a long time |

(A) 유화의 특징
(B) 유화를 보존하는 방법

Voca painting [péintiŋ] 그림 various [vέəriəs] 다양한 effect [ifékt] 효과

08 | ① _____ | ② _____ | ③ _____ | University Policy |

(A) 도서관 대출 벌금 내기
(B) 교과서 구입하기

Voca overdue [òuvərdjú:] 기한을 넘긴 amount [əmáunt] 합계 return [ritə́:rn] 반납 policy [pálisi] 정책

정답 p. 128

유형 연습

2 표시어를 통해 중심 내용 파악하기

- 화자가 중심 내용, 즉 대화의 목적이나 강의의 주제를 이야기할 때 함께 사용하는 표현들이 있습니다. 이러한 표현들은 지문의 중심 내용을 알려주는 표시어 역할을 합니다.
- 표시어 이하에서 목적이나 주제가 언급되므로 표시어를 잘 들어야 합니다. 지문에서 자주 등장하는 표시어는 다음과 같습니다.

대화 | I was wondering if~, I wanted to talk to you about~, I'd like to know~
강의 | Let's talk about~, We are going to discuss~, We'll look at~

다음 지문 일부의 빈칸을 받아 적고, 질문에 알맞은 답을 고르세요. (지문 내용은 두 번 들려줍니다.)

09
M: Hi... ① <u>I was wondering</u> / if you could help me ② <u>find a book</u> / I need for a report.
　　　　　　↑표시어　　　　　　　　　　　　↑대화의 목적
W: Can you tell me / what the report is about?
M: It's about the writer Ernest Hemingway.

Q. 남자는 왜 여자와 대화를 하는가? → 대화의 목적을 묻는 문제
　(A) 필요한 책을 찾기 위해
　(B) Ernest Hemingway에 관한 보고서를 빌리기 위해

Voca find[faind] 찾다　report[ripɔ́ːrt] 보고서　writer[ráitər] 작가

10
S: Hello, / Professor Cooke. ① _____ / about ② _____ / _____.
P: Yes, / I was surprised / that you failed the exam. You did so well the last time.
S: I don't know / what happened.

Q. 학생은 왜 교수를 찾아 갔는가?
　(A) 자신의 점수에 대해 문의하기 위해
　(B) 화학 시험을 보는 것에 대해 문의하기 위해

Voca score[skɔːr] 점수　chemistry[kémistri] 화학　fail[feil] 낙제하다　do well 잘하다

11
P: Most people think of salt / as something used to flavor food. Well, / salt has another purpose. It was used as medicine / thousands of years ago. So... / we're going to discuss... / ① _____ / _____ .

Q. 예상되는 강의의 주제는 무엇인가?
　(A) 현재 소금이 사용되는 다양한 방식
　(B) 과거에 소금이 약용으로 사용되었던 방식

Voca　flavor[fléivər] 맛을 내다　purpose[pə́ːrpəs] 목적　cure[kjuər] 치료하다　disease[dizíːz] 질병

12
S: Hi, / Professor Ricks. I missed the class this morning / and ① _____ / _____ / for next week.
P: Why were you absent? Are you sick?
S: Oh no, / I'm fine. I missed the bus.

Q. 학생이 교수를 찾아간 목적은 무엇인가?
　(A) 다음 주에 결석할 것을 교수에게 말하기 위해
　(B) 교수가 내준 과제가 무엇인지 문의하기 위해

Voca　assignment[əsáinmənt] 과제　absent[ǽbsənt] 결석한

13
P: Today, / ① _____ / that's called the yellow jacket... / ② _____ . Some people think / it looks like the honeybee. But it is important to know / that the yellow jacket can be a lot more dangerous.

Q. 예상되는 강의의 주제는 무엇인가?
　(A) 말벌의 위험성
　(B) 말벌과 꿀벌의 차이점

Voca　yellow jacket 말벌　especially[ispéʃəli] 특히　honey bee 꿀벌　dangerous[déindʒərəs] 위험한

정답 p. 128

유형 정복

 다음 지문의 빈칸을 받아 적고, 질문에 알맞은 답을 고르세요. (지문 내용은 두 번 들려줍니다.)

[01]

학생의 용건

S: Hi, / Professor Wilson. I was wondering / if I could ① _____ _____ / instead of tomorrow. I've been sick / the past few days, / so I couldn't work on it.

교수의 반응

P: I'm sorry, / Charles, / but I'm afraid / ② _____ / _____. I told the class / on the first day / that I don't give ③ _____.

S: I know, / but honestly, / I was very sick. I can give you a note from my doctor / to prove it.

P: I gave the assignment / one month ago. You had plenty of time / to finish the paper. You'll just have to work on it tonight / ④ _____.

Vocabulary

wonder[wʌ́ndər] 궁금해하다　turn in (서류·과제물 등을) 제출하다　paper[péipər] 보고서　instead of ~대신
work on (작업 등을) 진행하다　deadline extension 마감일 연장　honestly[ánistli] 솔직히　note[nout] (의사 등이 써주는) 소견서, 노트
prove[pru:v] 증명하다　plenty of 많은　hand in (서류·과제물 등을) 제출하다

HACKERS Listening Intro

01 Why does the student visit his professor?

(A) To request a make-up test
(B) To submit the first draft of his paper
(C) To ask for extra time to work
(D) To inquire about how to raise his grade

유형 1
유형 2
유형 3
유형 4
유형 5

정답 p. 132

Please, give me a deadline extension. — 마감일을 연장해주세요.

deadline extension(마감일 연장)이란, 정해진 deadline(마감일)에 assignment(과제)를 마치지 못했을 때 deadline(마감일)을 extension(연장)하는 것입니다. 교수님께 deadline extension을 request(부탁)드리는 일은 없어야겠지만 피치 못할 사정이 있을 때는 여쭈어 보기라도 해야겠죠?

1. 중심 내용 파악하기

유형 정복

[02]

Now... / I just wanted to go over a few things / before the field trip next week. As I am sure / you know, / this trip will ① _____ _____ / to learn a lot about spiders. However, / it's important / that you have a bit of, / you know... / background information first. So, / today, / I am going to talk / about ② _____ _____... Um... / you should remember / that every species of spider produces / a different type of web. ③ _____ / _____. However, / ④ _____ / depending on what kind of prey / the species usually eats. OK... Let's look at some specific examples.

주제

Vocabulary

go over 검토하다, 복습하다　**field trip** 현장 답사　**provide A with B** A에게 B를 제공하다　**a bit of** 약간의
background information 배경지식　**produce**[prədjúːs] 만들다, 생산하다　**catch**[kætʃ] 잡다, 얻다　**vary**[vɛ́əri] 달라지다
depending on ~에 따라　**prey**[prei] 먹이　**specific**[spisífik] 구체적인

HACKERS Listening Intro

02 What is the lecture mainly about?

(A) The various types of spider webs
(B) Differences between species of spiders
(C) How a spider web is produced
(D) Hunting techniques used by spiders

유형 1
유형 2
유형 3
유형 4
유형 5

정답 p. 132

Various spider webs — 다양한 거미줄의 종류

거미가 잡는 prey(먹이)의 종류에 따라서 다양한 종류의 spider web(거미줄)이 존재합니다. 거미들이 치는 거미줄의 모양에 따라 거미들이 classify(분류하다)되기도 하죠. orb type(둥근 형), tangle type(얽힌 형), funnel type(깔때기 형) 등의 거미줄이 있습니다.

유형 정복

다음 지문을 듣고 질문에 알맞은 답을 고르세요.

[03]

03 Why does the student meet with the professor?

(A) To ask for more time to complete a paper
(B) To seek advice about a topic
(C) To find out which topic has been assigned
(D) To hand in a completed essay

Vocabulary

appointment[əpɔ́intmənt] 약속   on time 제시간에, 정각에   term paper 기말 보고서   finish[fíniʃ] 끝내다, 끝나다
as early as possible 가능한 빨리   consider[kənsídər] 고려하다, 생각하다   dialect[dáiəlèkt] 방언   region[ríːdʒən] 지역
fit[fit] 들어맞다   cover[kʌ́vər] 다루다, 덮다   subject[sʌ́bdʒikt] 주제   broad[brɔːd] 광범위한   narrow[nǽrou] 좁히다
particular[pərtíkjulər] 특정한

[04]

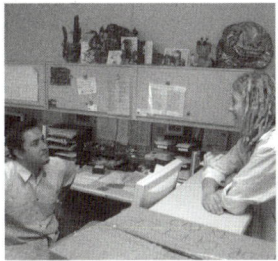

04 Why does the student speak to the man?

(A) To inquire about why she is not permitted to register
(B) To check the fee for overdue library books
(C) To ask about the procedure for online registration
(D) To obtain a receipt for a fee she paid

정답 p. 132

Vocabulary

registration [rèdʒistréiʃən] 등록   sign up for (수업 등) 신청하다   unpaid [ʌnpéid] 미납된, 지불되지 않은   fee [fi:] 벌금
overdue [òuvərdjú:] 연체된   fine [fain] 벌금   registrar's office 수업 등록 사무실   take care of ~을 처리하다
librarian [laibrɛ́əriən] (도서관) 사서   head librarian 사서장   fix the problem 문제를 해결하다   receipt [risí:t] 영수증
resolve [rizálv] 해결하다   head for ~로 가다, 향하다

유형 정복

[05]

05 What is the main topic of the lecture?

(A) The seasonal changes in ancient Egypt
(B) The calendars of different countries
(C) The development of the modern calendar
(D) The calendars used by the ancient Egyptians

Vocabulary

be familiar with ~과 친숙하다   sophisticated [səfístəkèitid] 세련된   exist [igzíst] 존재하다   ancient [éinʃənt] 고대의
so forth (기타) 등등   advanced [ædvænst] 진보한   separate [sépərət] 별개의   tax [tæks] 조세
agriculture [ǽgrikʌ̀ltʃər] 농경, 농사   civil [sívəl] 시민의   divide [diváid] 나누다   be similar to ~과 유사하다
be about to ~하려고 하다   move on to ~로 넘어가다   according to ~에 따라

[06]

06 What does the professor mainly discuss?

(A) The effects of submarine volcanoes
(B) The differences between surface and submarine volcanoes
(C) The formation of different types of volcanoes
(D) How volcanoes form on the ocean floor

정답 p. 132

Vocabulary

surface volcano 지표화산   erupt [irʌ́pt] (화산이) 폭발하다   submarine volcano 해저화산   particularly [pərtíkjulərli] 특히
effect [ifékt] 영향   ocean floor 바다 밑바닥, 해저   underwater [ʌ̀ndərwɔ́:tər] 수면 아래에   assume [əsjú:m] 간주하다
harmless [hɑ́:rmlis] 무해한   damage [dǽmidʒ] 손상, 손해   lava [lá:və] 용암   tsunami [tsuná:mi] 해일
tremendous [triméndəs] 엄청난   force [fɔ:rs] 힘   collapse [kəlǽps] 붕괴하다   outward [áutwərd] 바깥쪽으로
result in ~을 초래하다

www.goHackers.com

학습자료 제공 · 유학정보 공유

2. 세부 사항 파악하기
Detail 유형

2. 세부 사항 파악하기
Detail 유형

"옆 사람의 시험지를 못보게 된다구? 그게 이유야?!"

교수님은 강의실을 넓혀야겠다고 다짐합니다. 넓은 강의실에서는 옆 사람의 시험지를 보기가 힘들어 강의실을 넓히는 것을 반대한다는 Joseph의 말을 들었기 때문이죠.
이처럼 듣기 시험에는 들은 내용 중 중요한 세부 사항을 이해했는지를 묻는 Detail 유형의 문제가 나옵니다.
이제 이 유형의 문제가 어떻게 출제되는지 자세히 알아볼까요?

HACKERS Listening Intro

 이렇게 나와요!

이 유형은 지문에서 언급된 세부적인 사항에 관해 묻는 문제입니다. 아주 사소한 세부 사항보다는 중심 내용과 관련된 세부 사항을 묻는 경우가 대부분입니다. 2개 이상의 답을 골라야 하는 문제가 출제되기도 합니다.

정답이 1개인 질문 형태
What does the student say about ~?
학생은 ~에 대해 무엇이라고 말하는가?
According to the professor, what is ~?
교수에 따르면, ~은 무엇인가?

정답이 2개 이상인 질문 형태
What are two features of ~? Choose 2 answers.
~의 두 가지 특징은 무엇인가? 2개의 답을 고르시오.
What are the examples the professor gives of ~?
Choose 2 answers.
교수가 ~에 대해 제시한 예는 무엇인가? 2개의 답을 고르시오.

유형 1
유형 2
유형 3
유형 4
유형 5

 **이렇게 들어요!**

1 주요 세부 사항을 파악합니다

2 같은 말 다른 표현을 파악합니다

2. 세부 사항 파악하기

유형 연습

1 같은 말 다른 표현 파악하기

- 지문에서 언급된 정보가 다른 말로 바꾸어 표현 되었을 때, 그 문장이 원래 정보를 알맞게 담고 있는지 판단할 수 있어야 합니다.
- 이때 주로 다른 문장 구조를 쓰거나, 비슷한 의미를 가진 단어나 구 등으로 바뀌어 표현됩니다.

다음 문장의 빈칸을 받아 적고, 원래 문장의 의미를 알맞게 담고 있는 답안을 고르세요. (지문 내용은 두 번 들려줍니다.)

01 S: I ① **handed in** my essay / ② **after the deadline**.
　　　　　= submitted　　　= paper　　　　　　= late

(A) The student changed the project's deadline.
(B) The student submitted his paper late.

Voca hand in 제출하다   essay[ései] 에세이   deadline[dédlàin] 마감일   submit[səbmít] 제출하다
　　　　paper[péipər] 보고서, 에세이

02 S: The books I needed / were ① _____.

(A) The student had a hard time finding the books at the bookstore.
(B) The books the student required were out of stock.

Voca sold out 다 팔린, 매진된   require[rikwáiər] 필요로 하다, 요구하다   out of stock 품절인, 재고가 떨어진

03 P: You know... / ① _____ harmful to humans.

(A) Viruses are not always dangerous.
(B) Some humans are unaffected by viruses.

Voca virus[váiərəs] 바이러스   harmful[há:rmfəl] 해로운   dangerous[déindʒərəs] 위험한
　　　　unaffected[ʌ̀nəféktid] 영향을 받지 않는

04 P: The Washington Monument was constructed / ① _____ .

(A) It took a long time to build the Washington Monument.
(B) The Washington Monument was made many years ago.

Voca construct[kənstrʌ́kt] 건축하다   period[píəriəd] 기간   take[teik] (시간이) 걸리다   build[bild] 짓다

05 M: The Canadian history class / ① _____ .

(A) There is no space in the Canadian history class.
(B) The class on Canadian history is not popular.

Voca history[hístəri] 역사   full[ful] 꽉 찬   space[speis] 자리, 공간

06 W: ① _____ / for class registration / is ② _____ .

(A) Class registration begins next Thursday.
(B) Thursday is the deadline for class registration.

Voca final[fáinəl] 마지막의, 최후의   registration[rèdʒistréiʃən] 등록

07 S: The bus almost always comes / ① _____ !

(A) The bus schedule should be changed.
(B) The bus is usually late.

Voca almost[ɔ́ːlmoust] 거의   behind schedule 스케줄보다 늦게

정답 p. 142

유형 연습

2 주요 세부 사항 파악하기

- 지문의 흐름과 밀접하게 관련된 세부 사항을 정확하게 듣기 위해서는 지문에서 언급된 내용 중 무엇이 중요한지 파악하며 듣는 것이 중요합니다.
- 지문에서 주로 언급되는 주요 세부 사항은 다음과 같습니다.
  대화 | 화자의 제안, 이유, 부연 설명 등과 같이 대화에서 중요하게 언급되는 정보
  강의 | 이유, 결과, 특징, 부연 설명 등과 같이 강의에서 중요하게 언급되는 정보

다음 지문 일부의 빈칸을 받아 적고, 질문에 알맞은 답을 고르세요. (지문 내용은 두 번 들려줍니다.)

08
S: I'm really sorry / ① I missed class last week... ② I went skiing the weekend before / and ③ I broke my leg. I was in the hospital / for three days.
　　　　　　　　　　↳ 수업에 빠진 이유
P: That sounds / like ④ it must have been very painful.

Q. Why did the student miss class? → 대화의 주요 세부 사항(이유)을 묻는 문제

　(A) He was injured.
　(B) He went skiing.

Voca　miss[mis] 빠지다　go skiing 스키 타러 가다　painful[péinfəl] 아픈, 고통스러운

09
P: Why were you absent last time? It was a very important class. ① ＿＿＿＿＿＿＿＿
　＿＿＿＿＿＿＿＿＿＿＿＿＿＿＿＿＿＿ / given by several students.
S: I know... ② ＿＿＿＿＿＿＿＿＿＿＿＿＿＿＿＿＿＿＿＿＿ in the presentation.

Q. According to the professor, why was the last class important?

　(A) It included a special lecture.
　(B) It involved a student presentation.

Voca　absent[ǽbsənt] 결석한　presentation[prì:zəntéiʃən] 발표　several[sévərəl] 몇몇의
　　　　participate[pɑ:rtísəpèit] 참여하다

10

S: I am really worried ① _____.

P: I know / exams can be stressful. But don't stay up all night studying. Instead, /
② _____. This will ③ _____
_____ more information.

Q. What does the professor suggest?

(A) The student should review daily.
(B) The student should study all night.

Voca stressful[strésfəl] 스트레스를 주는   stay up all night 밤을 새우다   go over 복습하다

11

P: Now... It's important to remember / that ① _____ /
in areas / that were ② _____ ... / you know, / like the central
part of North America. This region used to be ③ _____.

Q. What is a characteristic of oil deposits?

(A) They are found in regions that were once underwater.
(B) They are found in areas that are close to the coast.

Voca oil deposit 기름층   area[ɛ́əriə] 지역   cover[kʌ́vər] 덮다   region[ríːdʒən] 지역   used to 이전에는 ~했다

12

P: OK... So terrestrial planets are smaller / ① _____.
This is / because ② _____.
So, / they do not expand / as much as planets made of gas... / such as Jupiter.

Q. Why are terrestrial planets smaller than other planets?

(A) They contain large amounts of gas.
(B) They are made of rocks and minerals.

Voca terrestrial planet 지구형 행성   type[taip] 종류   be comprised of ~로 구성되어 있다   mineral[mínərəl] 광물
expand[ikspǽnd] 팽창하다   made of ~로 만들어진   Jupiter[dʒúːpətər] 목성

정답 p. 142

2. 세부 사항 파악하기 **51**

유형 정복

 다음 지문의 빈칸을 받아 적고, 질문에 알맞은 답을 고르세요. (지문 내용은 두 번 들려줍니다.)

[01]

주제

P: OK... / last class, / we talked about the climate of the Arctic. Today, / we are going to ① _____. This is an animal / that has evolved to survive / in the Arctic environment. Well, / the fur of the polar bear looks white, / ② _____. This allows light to pass / to the bear's skin. ③ _____, / so it absorbs / as much light and heat as possible. ④ _____ / in its body / using another physical feature... Anyone know / what it is?

S: Uh... / body fat?

P: Exactly! ⑤ _____ / that prevents heat loss!

Vocabulary

climate [kláimit] 기후   the Arctic 북극   polar bear 북극곰   evolve [iválv] 진화하다   environment [inváiərənmənt] 환경
fur [fəːr] (동물의) 털   transparent [trænspǽrənt] 투명한   absorb [əbsɔ́ːrb] 흡수하다   keep [kiːp] 유지하다
physical [fízikəl] 신체적   feature [fíːtʃər] 특징   body fat 체지방   thick [θik] 두꺼운   layer [léiər] 층   prevent [privént] 막다
heat loss 열 손실

HACKERS Listening Intro

01 Why can the polar bear easily absorb heat from the sun?

Choose 2 answers.

(A) It has clear fur.
(B) It has black skin.
(C) It has a lot of body fat.
(D) Its fur changes color.

유형 1
유형 2
유형 3
유형 4
유형 5

정답 p. 147

A polar bear's fur and skin — 북극곰의 털과 피부

polar bear(북극곰)의 fur(털) 색깔은 과연 흰색일까요? 사실 북극곰의 털은 흰색이 아니라 transparent(투명한)합니다. 단지 그 투명한 털 가닥들이 태양빛을 모든 방향으로 scatter(흩어지게 하다)하기 때문에 흰색으로 보이는 것뿐입니다. 마치 눈이 흰색으로 보이는 것처럼요. 또한 북극곰의 skin(피부)은 검은색이라서 태양으로부터 많은 양의 heat(열)을 absorb(흡수하다)할 수 있어요.

2. 세부 사항 파악하기 53

유형 정복

[02]

학생의 용건

W: Excuse me, / Mr. Roberts? I was told / I should speak to you.
M: Oh? What can I do for you?
W: I'm the president of the drama club / at the university. Well, / I wanted to talk to you / about ① _____. Actually, / I was hoping / you could arrange / a...you know, / a lower price for students.
M: I see...
W: Yeah... ② _____.
M: Really? I didn't realize / ③ _____.
W: Well, / most students think / they are. The problem is, / our professor told us / ④ _____.

직원의 반응

M: I can't just give a ⑤ _____. Hmm... Let's see / what else I can do here.

Vocabulary

president[prézidənt] 회장 **price**[práis] 가격, 값 **arrange**[əréindʒ] (가격 등을) 조정하다 **afford**[əfɔ́ːrd] ~할 여유가 있다
realize[ríəlàiz] 깨닫다 **several of** 몇 개(사람)의 **play**[pléi] 연극, 놀이 **discount**[dískaunt] 할인

HACKERS Listening Intro

02 What does the woman say about the students?

(A) They want to be part of a drama.

(B) They do not have enough money for plays.

(C) They are all drama majors.

(D) They are too busy to watch a play.

정답 p. 147

I want to join a club! — 나도 동아리에 가입하고 싶어요!

club activity(동아리 활동)이란, 대학에서 할 수 있는 취미 활동 같은 것을 말해요. 대학 내에는 music (음악), art(미술), athletics(체육), drama(연극) 등의 다양한 동아리가 있으니 학기 초에 알아 두었다가 관심 있는 동아리에 join(가입)한다면 다양한 친구들을 사귈 수 있어 학교 생활이 좀 더 풍요로워 지겠죠?

유형 정복

 다음 지문을 듣고 질문에 알맞은 답을 고르세요.

[03~04]

03 Why does the student visit the professor?

(A) To request permission to enroll in more classes
(B) To ask for advice about graduate school
(C) To inquire about auditing a course
(D) To receive information about a course

04 What won't the student be able to do in an audit class?

(A) Participate in class projects
(B) Change his major
(C) Take the class next semester
(D) Apply for graduate school

Vocabulary

theater[θíətər] 연극, 극장　register[rédʒistər] 등록하다　required course 필수 과목　geography[dʒiágrəfi] 지리학
audit[ɔ́:dit] 청강하다　credit[krédit] 학점　take part in ~에 참여하다　transcript[trǽnskript] (학교의) 성적증명서
concerned[kənsə́:rnd] 신경 쓰는　apply[əplái] 지원하다　important[impɔ́:rtənt] 중요한

[05~06]

05 Why does the student go to see the dorm manager?

(A) To ask for a new lamp
(B) To ask about a fine
(C) To request a different room
(D) To pay a dorm fee

06 What does the dorm manager say about halogen light bulbs?

(A) They are expensive.
(B) They are more attractive.
(C) They are popular with students.
(D) They might start fires.

정답 p. 147

Vocabulary

receive[risí:v] 받다　notice[nóutis] 통지서, 공지　fine[fain] 벌금　reason[rí:zn] 이유, 근거　bright[brait] 밝은
dim[dim] 어두운　light bulb 전구　fault[fɔ:lt] 잘못　recommend[rèkəménd] 추천하다
attractive[ətrǽktiv] 보기 좋은, 사람의 마음을 끄는　meet[mi:t] 만족시키다　standard[stǽndərd] 규칙
cost[kɔ́:st] (돈·시간·노력 따위가) 들다

유형 정복

[07~08]

07 What is the main topic of the discussion?

(A) The process of creative thinking
(B) Working with a group to solve problems
(C) The best way to solve problems
(D) Verification of the thinking process

08 What does the professor say about the brain during the incubation stage?

(A) It is at its most active stage.
(B) It keeps thinking even at rest.
(C) It recovers from the process of creative thinking.
(D) Its capacity to think is reduced.

Vocabulary

assign [əsáin] 주다, 할당하다   creative [kriéitiv] 창조적인   thinking [θíŋkiŋ] 사고   process [práses] 과정
brainstorm [bréinstɔ̀ːrm] 브레인스토밍하다   preparation [prèpəréiʃən] 준비   come up with ~을 생각해내다
deal with ~을 해결하다   incubation [ìŋkjubéiʃən] 부화   take a break 휴식을 취하다   suddenly [sʌ́dnli] 갑자기
realize [ríːəlàiz] 깨닫다   solution [səlúːʃən] 해결책   illumination [ilùːmənéiʃən] 조명   solve [sɑlv] (문제 등을) 풀다
sit down to ~에 착수하다   check [tʃek] 확인하다   valid [vǽlid] 타당한   verification [vèrəfəkéiʃən] 검증

[09~10]

09 What is the main topic of the lecture?

(A) Weather conditions in the American Southwest
(B) Theories about the disappearance of a tribe
(C) The migration patterns of early Americans
(D) The location of the Anasazi homeland

10 What did the computer simulation reveal?

(A) The drought was less serious than thought.
(B) The weather most likely caused the disappearance of the Anasazi.
(C) The region did not receive enough rainfall to support the Anasazi.
(D) The records kept by the Anasazi were very accurate.

정답 p. 147

Vocabulary

Anasazi[ὰ:nəsá:z] 아나사지(인) abandon[əbǽndən] 버리고 떠나다, 유기하다 remain[riméin] 남아 있다
explanation[èksplənéiʃən] 설명 disappear[dìsəpíər] 사라지다 drought[draut] 가뭄 last[læst] 지속하다
force A to B A를 B하게 하다 migrate[máigreit] 이주하다 prove[pru:v] 증명하다 simulate[símjəlèit] 모의 실험 하다, 흉내 내다
condition[kəndíʃən] 상황, 상태, 조건 available[əvéiləbl] 이용할 수 있는 rainfall[réinfɔ̀:l] 강수량, 강우
population[pɑ̀pjəléiʃən] 인구 factor[fǽktər] 요소 worsen[wə́:rsn] 악화시키다 situation[sìtʃuéiʃən] 상황

www.goHackers.com

학습자료 제공 · 유학정보 공유

3. 화자의 의도와 태도 파악하기
Function & Attitude 유형

3. 화자의 의도와 태도 파악하기
Function & Attitude 유형

"눈치 빠른 Joseph군, 교수님의 속마음을 알아채다!"

장학금을 신청하러 달려온 Joseph군, 장학금을 신청할 수 없음을 바로 알아채는군요. 교수님의 말 "휴우~ 이 성적으로?"의 의미를 잘 파악했기 때문이죠. 이처럼 듣기 시험에는 들은 내용 중 화자가 한 말의 의도와 태도를 제대로 이해했는지를 묻는 Function & Attitude 유형의 문제가 나옵니다. 이제 이 유형의 문제가 어떻게 출제되는지 자세히 알아볼까요?

HACKERS Listening Intro

이렇게 나와요!

이 유형은 지문에서 화자가 한 말의 숨겨진 의도(Function) 및 태도(Attitude)를 묻는 문제 입니다. 특히, 화자의 말의 숨겨진 의도를 파악하는 문제는 화자가 한 말의 일부를 다시 들려준 후, 답하는 형태로 출제됩니다.

의도(Function)
Why does the student say this:
학생은 왜 이렇게 말하는가?
What does the professor mean/imply when he says this:
교수는 이렇게 말함으로써 무엇을 의미하는가?

태도(Attitude)
What is the professor's attitude toward ~?
~에 대한 교수의 태도는 어떠한가?
What is the student's opinion toward ~?
~에 대한 학생의 의견은 어떠한가?

유형 1
유형 2
유형 3
유형 4
유형 5

 이렇게 들어요!

1 문맥을 통해 화자의 의도를 파악합니다

2 문맥을 통해 화자의 태도를 파악합니다

3. 화자의 의도와 태도 파악하기

유형 연습

1 문맥을 통해 화자의 의도 파악하기

- 지문에서 화자는 자신의 의도를 간접적으로 표현하는 경우가 있습니다.
- 같은 말이라고 할지라도 이야기의 흐름 및 상황에 따라 전혀 다른 의미를 전달할 수 있으므로 앞뒤 문맥을 통해 화자의 의도를 파악합니다.

다음 지문 일부의 빈칸을 받아 적고, 질문에 알맞은 답을 고르세요. (지문 내용은 두 번 들려줍니다.)

[01~02]

01
S: I couldn't ① find enough information / on the topic / I submitted, / so ② I decided to change my topic. Is that OK?
주제를 바꾸기로 결정함
괜찮을까요
P: What was your original topic?

Q. Why does the student say this: Is that OK? → 화자가 Is that OK를 말한 의도를 묻는 문제

 (A) To check whether the professor approves
 (B) To ask the professor to suggest a topic

Voca find [faind] 찾다   submit [səbmít] (과제·서류 등을) 제출하다   decide [disáid] 결정하다

02
P: You couldn't take the test yesterday / because ① you visited your grandmother. What will your classmates think / ② if I allow you to take a makeup test anyway? Is that OK?
보충시험을 치도록 하면 반 친구들이 어떻게 생각할까
괜찮을까요
S: Um... I'm sure / they wouldn't mind.

Q. Why does the professor say this: Is that OK? → 화자가 Is that OK를 말한 의도를 묻는 문제

 (A) To ask the student to choose a time
 (B) To ask the student whether a makeup test is fair

Voca take a test 시험을 치다   classmate [klǽsmèit] 반 친구, 급우   allow A to B A가 B 할 수 있게 허락하다
makeup test 보충 시험

[03~04]

03

P: Frank Lloyd Wright originated the prairie style of architecture. ① _____
_____ / that looked like / it was designed by Wright. ② _____
_____ / – I'm sorry – / John S. Van Buren, / ③ _____.

Q. Why does the professor say this: I'm sorry.

(A) To indicate that she made an error
(B) To criticize Van Buren's style

Voca　originate[ərídʒənèit] 창시하다, 창설하다　style[stail] 양식　architecture[áːrkitèktʃər] 건축
　　　look like ~처럼 보이다　design[dizáin] 설계하다　actual[ǽktʃuəl] 실제의　colleague[káliːg] 동료

04

P: Many alliances were established / to destroy Napoleon's power. ① _____
_____, / so I'll have to assign ② _____
_____. I'm sorry, / but ③ _____ /
to cover everything / in class.

Q. Why does the professor say this: I'm sorry.

(A) To find out what the students know about Napoleon
(B) To express regret about the assignments

Voca　alliance[əláiəns] 동맹　establish[istǽbliʃ] 창설하다　destroy[distrɔ́i] 없애다　assign[əsáin] 내주다, 할당하다
　　　reading[ríːdiŋ] 읽을 것, 읽을거리　cover[kʌ́vər] 다루다

정답 p. 158

3. 화자의 의도와 태도 파악하기

유형 연습

2 문맥을 통해 화자의 태도 파악하기

- 지문에서 화자는 특정 대상이나 상황에 대해 자신의 태도를 드러냅니다. 따라서 이를 파악하는 연습이 필요합니다.
- 화자의 태도는 화자가 언급한 말이나 사용한 어휘를 통해 알 수 있으므로 이를 통해 화자의 태도를 파악합니다.

다음 지문 일부의 빈칸을 받아 적고, 질문에 알맞은 답을 고르세요. (지문 내용은 두 번 들려줍니다.)

05

S: ① <u>This is a list of references</u> / I'll be using / for my report / on global warming. Are they OK?
　　학생의 걱정: 참고자료 목록이 괜찮은가

P: The books on your list / ② <u>are all a bit old</u>. Uh... / isn't there anything else / you
　　교수의 생각: 참고자료 목록이 모두 약간 오래되었음

　could find? I don't think / ③ <u>your report would be up-to-date</u>.　교수의 생각: 보고서가 최신 경향을 반영하지 못할 것이라 생각함

Q. What is the professor's attitude toward the student's concern? → 학생의 걱정에 대한 교수의 태도를 묻는 문제

(A) He is unconcerned.
(B) He is proud.
(C) He is worried.

Voca reference[réfərəns] 참고자료, 참고도서　global warming 지구 온난화　up-to-date 최신 경향을 반영한, 최신의

06

S: Attending the seminar ① _____?

P: No, / it's not a requirement, / but I think / ② _____. The speakers

　③ _____ / in graphics technology.

Q. What is the professor's attitude toward the seminar?

(A) She is worried it may be hard to understand.
(B) She thinks it will be beneficial.
(C) She is not sure it will appeal to the student.

Voca attend[əténd] 참석하다　requirement[rikwáiərmənt] 필수, 필수 조건　technology[teknálədʒi] 기술

07

P: The Clovis people lived / in North America and parts of South America / ① _____
_____ ... So it's interesting / ② _____ /
to have discovered North America. Well, / ③ _____ .

Q. What is the professor's view toward the Europeans' claim to have discovered North America?

(A) She dismisses the claim.
(B) She agrees with the claim.
(C) She is not sure about the claim.

Voca arrive[əráiv] 도착하다　interesting[íntərìstiŋ] 흥미로운　claim[kleim] 주장하다　discover[diskʌ́vər] 발견하다
of course 물론

08

P: So... / Jackson Pollock is well known / for his abstract artwork... / but ① _____
_____ . Some say / ② _____ / what
Pollock did. Well, / ③ _____ ... / especially *Lavender Mist*.

Q. What is the professor's attitude toward Jackson Pollock as an artist?

(A) He thinks Pollock's works are childish.
(B) He thinks abstract art is hard to understand.
(C) He respects Pollock's work.

Voca be known for ~로 알려지다　abstract[æbstrǽkt] 추상적인　artwork[ɑ́ːrtwəːrk] 예술 작품
appreciate[əpríːʃièit] 인정하다　talent[tǽlənt] 재능　work[wəːrk] 작품, 일

유형 정복

 다음 지문의 빈칸을 받아 적고, 질문에 알맞은 답을 고르세요. (지문 내용은 두 번 들려줍니다.)

[01]

S: I'm sorry / I'm late for our appointment, / Professor Rand. I hope / we still have time / ① _____.

P: I was wondering / what happened to you. You're usually never late.

S: It's just / ② _____ / _____. I'm really sorry.

P: That's all right. I know / ③ _____.
So... / let me look at your report...

S: Here it is. I hope / it's OK.

P: Hmm... / OK. You write really well, / but let me just point out something... Here, / you mention something / that isn't really related to your topic.

S: Oh... / I didn't notice that...

P: Um... / next time, / I suggest / ④ _____.
You need to check your draft / against the outline. This way, / you can make sure / that everything you've included in your report / sticks to the outline.

Vocabulary

wonder[wʌ́ndər] 궁금해하다   point out 지적하다   mention[ménʃən] 언급하다   related[riléitid] 관련된
notice[nóutis] 알아채다   suggest[səgdʒést] 제안하다   outline[áutlàin] 개요   draft[dræft] 초안
include[inklúːd] 포함시키다   stick to ~에 충실히 따르다, 붙어 있다

Listen again to a part of the conversation. Then answer the question.

01 Why does the professor say this: 🎧

   (A) To indicate that she understands the student's problem
   (B) To explain that she has a problem dealing with printers
   (C) To express her dissatisfaction with printers
   (D) To show that she is knowledgeable about printers

정답 p. 162

You should talk to your academic advisor! — 지도 교수님과 상의해봐요!

학교 생활을 하다 보면 시험이나 과제 등의 힘든 일에 부딪히는 경우가 많을 거에요. 이럴 땐, 학생들을 도와주고 이끌어주는 academic advisor(지도 교수)를 visit(방문)해보는 건 어떨까요? 혼자서 문제를 풀려고 하는 것보다 advice(조언)를 구하는 것이 좋을 거에요. 하지만, 잊지 말아야 할 것은 academic advisor(지도 교수)의 office hours(상담 시간)를 미리 알아두고 그 시간에 약속을 잡아두는 거에요!

유형 정복

[02]

주제

You all know / that a large oil spill can seriously destroy an ecosystem. However, / ① _____ / to clean up these oil spills.

Now... / this method is known as bioremediation, / and ② _____. Basically, / bacteria are applied / to the polluted area, / and these bacteria actually break down the oil. Bioremediation is ③ _____ / _____, / and doesn't have any side effects. The main disadvantage is the large amount of time / required to clean the area. However, / recent research has shown / that certain substances can be added / to, uh, increase the growth of bacteria. ④ _____.
It's likely / that ⑤ _____ / to treat oil spills / in the future.

Vocabulary

oil spill 기름 유출 **destroy** [distrɔ́i] 파괴하다 **ecosystem** [ékousìstəm] 생태계 **clean up** 정화하다, 깨끗이 하다
bioremediation [bàiourimi:diéiʃən] 생물적 정화 **potential** [pəténʃəl] 잠재력, 가능성
bacteria [bæktíəriə] 박테리아 (단수형 bacterium) **apply** [əplái] 살포하다, 적용하다 **polluted** [pəlú:tid] 오염된
break down 분해하다 **side effect** 부작용 **recent** [rí:snt] 최근의 **substance** [sʌ́bstəns] 물질 **treat** [tri:t] 처리하다

HACKERS
Listening Intro

02 What is the professor's view regarding bioremediation?

(A) It is very promising.
(B) It is too expensive.
(C) It requires more research.
(D) It needs to be improved.

유형 1
유형 2
유형 3
유형 4
유형 5

정답 p. 162

Bioremediation — 생물적 정화

bioremediation(생물적 정화)이란, bio(생물)와 remediation(치료)이 합쳐진 말로써 오염된 지역을 생물학적으로 정화하는 방법을 일컫는 말입니다. 주로 algae(조류), bacteria(박테리아), fungi(곰팡이) 등의 microorganism(미생물)이 살포되며 이들이 유해한 물질을 무해한 물질로 바꾸어 줍니다.

3. 화자의 의도와 태도 파악하기 71

유형 정복

 다음 지문을 듣고 질문에 알맞은 답을 고르세요.

[03~04]

03 Why does the man go to see the woman?

(A) To purchase tickets for a jazz performance
(B) To inquire about a biotechnology conference
(C) To reserve a room for his parents
(D) To check out of the university hotel

Listen again to a part of the conversation. Then answer the question.

04 Why does the man say this:

(A) To indicate that he will make another request
(B) To express confusion about the checkout time
(C) To explain that he forgot what the employee said
(D) To correct a mistake he made about his parents' visit

Vocabulary

performance[pərfɔ́ːrməns] 공연   unless[ənlés] 만약 ~이 않다면   conference[kánfərəns] 회의
symposium[simpóuziəm] 심포지움   be planning to ~할 계획이다   biotechnology[bàiouteknálədʒi] 생명공학
checkout[tʃékàut] 퇴실   spot[spɑt] 장소   bet[bet] 확신하다, 내기를 하다   swimsuit[swímsjùːt] 수영복

[05~06]

05 What is the conversation mainly about?

(A) The student's plans for the summer
(B) The country the student should study in
(C) The languages the student can speak
(D) A visit the student made to Scotland

06 What is the professor's attitude toward the student's idea to study in Scotland?

(A) He thinks it is an excellent idea.
(B) He is worried about whether it is possible.
(C) He believes there are better options.
(D) He is concerned about language difficulties.

정답 p. 162

Vocabulary

appointment [əpɔ́intmənt] 약속   study abroad 해외에서 공부하다, 유학하다   preference [préfərəns] 선호
be interested in ~에 관심이 있다   main [mein] 주된, 주요한   second language 제2외국어   be able to ~를 할 수 있다
consider [kənsídər] 고려하다   official language 공식언어

유형 정복

[07~08]

07 What is the main purpose of the lecture?

(A) To compare MBWA with other employee-management approaches

(B) To discuss the techniques of MBWA and why it is effective

(C) To illustrate the importance of using appropriate management methods

(D) To explain why managers do not usually talk to employees

08 What is the professor's opinion of MBWA?

(A) It is difficult to apply.

(B) It requires too much work.

(C) It encourages managers to be lazy.

(D) It is an effective method.

Vocabulary

approach [əpróutʃ] 접근법   manage [mǽnidʒ] 관리하다   employee [implɔ́ii:] 직원   wander [wɑ́ndər] (정처 없이) 돌아다니다
associate A with B A와 B를 연관짓다   work [wəːrk] 기능하다   be based on ~에 바탕을 두다   effective [iféktiv] 효과적인
department [dipɑ́ːrtmənt] 부서   find out ~을 알아내다   experience [ikspíəriəns] 겪다   praise [preiz] 칭찬하다
share [ʃɛər] 나누다

[09~10]

09 What is the main topic of the lecture?

(A) The first professional female artist in England
(B) The artistic techniques of early modern art in Europe
(C) The differences between male and female artists
(D) The way female artists manage their money

Listen again to a part of the lecture. Then answer the question.

10 Why does the professor say this: 🎧

(A) To confirm an earlier point
(B) To introduce new information
(C) To support a controversial theory
(D) To indicate a possible solution

Vocabulary

probably [prábəbli] 아마도   notice [nóutis] 알아차리다   female [fíːmeil] 여류, 여성
professionally [prəféʃənəli] 전문적으로, 직업적으로   make a living 생계를 꾸리다   instruction [instrʌ́kʃən] 지도, 교육, 지시
skilled [skild] 솜씨가 좋은   be good at ~을 잘하다   equipment [ikwípmənt] 도구   earn [əːrn] (돈 등을) 벌다

www.goHackers.com

학습자료 제공 · 유학정보 공유

4. 정보의 관계 파악하기
Connecting Contents 유형

4. 정보의 관계 파악하기
Connecting Contents 유형

"하나 하나씩 들으면서 머릿속에 정리하자!"

기숙사를 나가기 위해 해야 할 일에 대해 상담을 하는 Joseph군, 머릿속에 해야 할 일을 순서대로 정리하고 있네요. 기숙사를 나가기 위해서는 교수님이 알려준 순서대로 일을 처리해야 함을 알았기 때문이죠.

이처럼 듣기 시험에는 들은 정보들 간의 관계를 이해하고 정리했는지를 묻는 Connecting Contents 유형의 문제가 나옵니다. 이제 이 유형의 문제가 어떻게 출제되는지 자세히 알아볼까요?

HACKERS
Listening Intro

 이렇게 나와요!

이 유형은 지문 속에 언급되는 정보들의 관계를 파악하는 문제입니다. 지문에 나타난 여러 사실들 간의 연관성을 종합적으로 이해하여 표를 채우는 형태의 문제가 출제됩니다.

Indicate whether each of the following is information the professor mentioned.
다음 각 항이 교수가 언급한 정보인지 여부를 표시하세요.

	Yes	No
Statement A		
Statement B		

The professor explains the sequence of steps that ~. Put the steps listed below in the correct order.
교수는 ~의 단계를 설명합니다. 아래의 단계들을 올바른 순서대로 나열하세요.

| Step 1 | |
| Step 2 | |

(A) Statement A
(B) Statement B

유형 1
유형 2
유형 3
유형 4
유형 5

 **이렇게 들어요!**

1 정보들 간의 연결 관계를 파악합니다

2 정보들 간의 순서를 파악합니다

4. 정보의 관계 파악하기

유형 연습

1 정보들 간의 연결 관계 파악하기

- 지문에서 화자는 연관성을 띠고 있는 여러 정보들을 언급합니다. 특히 화자는 정보들을 특징에 따라 나열하거나 유형별로 분류합니다. 따라서 지문을 들을 때, 각 정보들 간의 연결 관계를 잘 파악할 수 있어야 합니다.
- 화자가 정보를 나열 또는 분류할 때 자주 등장하는 표시어는 다음과 같습니다.
  one~/another~, and~, plus~, first~/second~/also~
  there are two types/reasons/features/options/theories/parts...

다음 지문 일부의 빈칸을 받아 적고, 표를 완성하세요. (지문 내용은 두 번 들려줍니다.)

01 P: In order to survive in the desert, / animals must get enough water. **One way** to do this
　　　　　　　　　　　　　　　　　　　　　　　　　　　　　　　　　　　　→ 표시어
is / ① __to drink surface water__... / usually from small streams. But there aren't many of
　　　↳ 첫 번째 방법
these. So, / ② __another method__ is used. Some species ③ __eat plants / that contain water__.
　　　　　　↳ 표시어　　　　　　　　　　　　↳ 두 번째 방법

Q. 교수는 사막에서 동물들이 물을 얻는 방법에 대해서 이야기합니다. 아래의 보기들이 그 방법들에 속하는지 여부를 표시하세요. → 지문에 나열된 동물들이 사막에서 물을 얻는 방법을 파악하는 문제

	Yes	No
Surface water		
Water from plants		
Water in the air		

Voca survive[sərváiv] 살아남다　desert[dézərt] 사막　surface[sə́:rfis] 지표면　stream[stri:m] 개울, 냇가
　　　　contain[kəntéin] 함유하다, 포함하다

02 P: OK... / ① _____. First, / primary caves are created / at ② _____. And secondary caves are formed / ③ _____. This type of cave is ④ _____.

Q. 교수는 각 동굴들의 특징을 이야기합니다. 동굴의 특징과 그에 알맞은 동굴의 이름을 짝지으세요.

Characteristic	Cave Type
Formed with the surrounding rock	
Created as the result of erosion	

(A) Primary cave
(B) Secondary cave

Voca cave[kéiv] 동굴 primary[práimeri] 1차의 surrounding[səráundiŋ] 주위의 secondary[sékəndèri] 2차의 form[fɔːrm] 형성하다 erosion[iróuʒən] 침식

03 S: Hi, / Professor Banks. ① _____ / for my job interview tomorrow?
P: Well, / first, / you should wear a suit and tie. ② _____ / _____ _____. Oh, / and ③ _____. It looks bad.
S: Great. Thanks.

Q. 교수는 면접을 잘 보기 위한 조언을 합니다. 아래의 보기들이 그 조언에 속하는지 여부를 표시하세요.

	Suggested	Not Suggested
Behave confidently		
Dress formally		
Discuss salary		

Voca job interview 취업 면접 act[ækt] 행동하다 confident[kánfədənt] 자신감 있는 salary[sǽləri] 급여 formally[fɔ́ːrməli] 격식 있게

정답 p. 174

유형 연습

2 정보들 간의 순서 파악하기

- 지문에서 화자가 진행 절차, 단계, 과정, 연대 순에 따른 정보들을 전달할 때 그 순서를 잘 파악합니다.
- 화자가 정보들을 순서대로 말할 때 자주 등장하는 표시어는 다음과 같습니다. 다음과 같은 표시어 이하에서 순서에 관련된 내용이 언급되므로 주의 깊게 들어야 합니다.
  first~/second~/third~, then~/next~/finally~, following this~/at last, as a result~

다음 지문 일부의 빈칸을 받아 적고, 주어진 보기를 순서대로 나열하세요. (지문 내용은 두 번 들려줍니다.)

04

P: Now, / the process / of making perfume / is fairly standard. In the first stage, / ① the various fragrances are combined. Next, / ② the fragrances are mixed with alcohol. Finally, / ③ water is added / to the mixture / to reduce the strength of the smell.

과정 / 표시어 / 첫 번째 방법 / 표시어 / 두 번째 방법 / 표시어 / 세 번째 방법

Q. 교수는 향수 제작 과정을 설명합니다. 아래의 단계들을 올바른 순서대로 나열하세요.
→ 지문에 언급된 향수 제작 과정의 순서를 파악하는 문제

Step 1	
Step 2	
Step 3	

(A) Alcohol is mixed with the fragrances.
(B) Fragrances are combined together.
(C) Water is added.

Voca perfume[pərfjúːm] 향수　standard[stǽndərd] 표준적인, 표준에 따른　various[vέəriəs] 다양한
fragrance[fréigrəns] 향기　combine[kəmbáin] 조합하다, 결합하다　mixture[míkstʃər] 혼합물
strength[streŋθ] 강도

05

P: OK... / for your chemistry project, / you should ① _____. First, /
② _____ on your topic. ③ _____, / _____
_____ / you want to test. And third, / ④ _____
_____ / to prove your theory.

S: I see...

Q. 교수는 화학 프로젝트의 절차를 설명합니다. 아래의 단계들을 올바른 순서대로 나열하세요.

Step 1	
Step 2	
Step 3	

(A) Plan an experiment
(B) Research the topic
(C) Make a theory

Voca chemistry[kéməstri] 화학   step[step] 절차, 단계   gather[gǽðər] 수집하다   background information 배경지식
theory[θíəri] 가설, 이론   design[dizáin] 설계하다, 기획하다   experiment[ikspérəmənt] 실험
prove[pru:v] 입증하다

정답 p. 174

유형 연습

06 P: Now... / Alzheimer's disease is an illness / that usually affects older people. ① _____ _____. First, / people find it difficult / ② _____ _____. Next, / they begin to ③ _____.
Finally, / they become ④ _____.

Q. 교수는 알츠하이머병의 진행 단계에 대해서 설명합니다. 아래의 단계들을 올바른 순서대로 나열하세요.

Step 1	
Step 2	
Step 3	

(A) An individual has difficulty communicating.

(B) An individual becomes hostile or uneasy.

(C) An individual forgets recent events or actions.

Voca Alzheimer's disease 알츠하이머병 illness[ílnis] 질병 affect[əfékt] 영향을 끼치다 stage[steidʒ] 단계 communicate with ~과 의사소통하다 short-term memory 단기 기억(력) angry[ǽŋgri] 화난 nervous[nə́ːrvəs] 초조한

07

P: OK, / most tsunamis are created / ① _____. First, / an ② _____. Then, / the ocean water ③ _____. At last, / ④ _____ / as it approaches the coast. Once a tsunami hits the shore, / it can cause a lot of destruction.

Q. 교수는 해일이 발생하는 과정을 설명합니다. 아래의 단계들을 올바른 순서대로 나열하세요.

Step 1	
Step 2	
Step 3	

(A) Ocean water travels rapidly.
(B) A big wave is created.
(C) A volcano erupts in the ocean.

Voca tsunami[tsunáːmi] 해일   process[práses] 과정   underwater volcano 수중화산   erupt[irʌ́pt] 폭발하다
ocean water 바닷물, 해수   wave[weiv] 파도   approach[əpróutʃ] 접근하다   coast[koust] 해안, 연안
shore[ʃɔːr] 해안, (바다 등의) 물가   destruction[distrʌ́kʃən] 파괴

정답 p.174

유형 정복

 다음 지문의 빈칸을 받아 적고, 질문에 알맞은 답을 고르세요. (지문 내용은 두 번 들려줍니다.)

[01]

학생의 용건

M: Hi. I'm having a bit of a problem / at the dorm I stay in, / and I was wondering / ① _____.

W: Well, / what kind of problem are you having?

M: Well, / first, / ② _____ / all the time, / and ③ _____, / so I can't study in the room. Also, / ④ _____ ... / and they sit on my bed / like they own it. Plus, / ⑤ _____ _____. His side of the room / is really messy, / and sometimes, / he even puts his stuff on my desk.

직원의 반응

W: I see... Hmm... I'd really like to help you, / but since it's the middle of the semester, / it's pretty hard / to find another room available. I'll ask the residence official, / but the chances are slight.

Vocabulary

dorm(=dormitory)[dɔːrm] 기숙사　**play music** 음악을 틀다, 음악을 연주하다　**loud**[laud] (소리가) 크게, 시끄럽게
come over 방문하다, 들르다　**own**[oun] 자기 것으로 하다, 소유하다　**organized**[ɔ́ːrɡənàizd] 정리정돈을 잘하는
messy[mési] 지저분한　**stuff**[stʌf] 물건

HACKERS
Listening Intro

01 The student explains why he wants to transfer to another room. Indicate whether each of the items below is a reason the student mentioned.

	Yes	No
Roommate is disorganized.		
Roommate plays music loudly.		
Friends often visit roommate.		
Roommate opens student's mail.		

유형 1
유형 2
유형 3
유형 4
유형 5

정답 p. 178

Dormitory life — 기숙사 생활

campus life(대학 생활)에서 빠질 수 없는 것 중 하나는 dormitory life(기숙사 생활)입니다. 기숙사에서 여럿이 함께 지내는 경우에는 다른 culture(문화)를 가진 친구들과 함께 살아 볼 수 있는 멋진 chance (기회)를 가질 수 있을 것입니다. 하지만 최소한의 etiquette(예의) 정도는 지켜줘야겠죠? 예를 들어, 방에서 시끄럽게 떠들거나, 물건을 지저분하게 사용한다거나 하는 행동은 되도록 삼가는 것이 좋아요.

4. 정보의 관계 파악하기

유형 정복

[02]

주제

OK... / can anyone here play the piano? Well, / it's pretty common for people / to play the piano these days, / but in the past, / this wasn't the case. And that is / what I'll be discussing today... / ① _____.

When the piano was invented / in the nineteenth century, / only the rich could afford to buy one. But... / during the Industrial Revolution, / ② _____. You know, / they were built in factories / instead of small shops. After this, / ③ _____ / _____. As a result, / ④ _____. The piano had become one of the most common instruments, / and many people took lessons to learn / how to play it. Now, / let's take a look at / how the new popularity of the piano / affected the development of modern music.

Vocabulary

common [kámən] 흔한, 일반적인   instrument [ínstrəmənt] 악기   the rich 부자들   Industrial Revolution 산업혁명
mass-produce 대량 생산하다   instead of ~대신에   drop [drɑp] 떨어지다   significantly [signífikəntli] 상당히
middle-class 중산층   purchase [pə́ːrtʃəs] 구입하다   lesson [lésən] 레슨, 교습   popularity [pàpjulǽrəti] 인기
modern [mádərn] 근대의, 현대의

02 The professor outlines the three steps that led to the piano becoming a common instrument. Put the steps listed below in the correct order.

Step 1	
Step 2	
Step 3	

(A) Large numbers of pianos were produced in factories.

(B) Many middle-class people bought pianos.

(C) The cost of purchasing a piano was reduced.

정답 p. 178

The popularization of the piano — 피아노의 대중화

the popularization of the piano(피아노의 대중화)가 music history(음악사)에 끼친 영향은 무엇일까요? 피아노가 대량으로 생산되기 시작하면서 피아노의 가격이 내려가고 많은 middle-class(중산층)의 사람들도 피아노를 보유할 수 있게 되었죠. 그래서 많은 중산 계급 출신의 음악가 들이 나타나게 됩니다. Schumann(슈만), Chopin(쇼팽), Brahms(브람스), Schubert(슈베르트) 등이 그들이죠.

유형 정복

 다음 지문을 듣고 질문에 알맞은 답을 고르세요.

[03~04]

03 Why does the student go to see the professor?

(A) To find out what the professor thought of his story
(B) To request an extension on an assignment
(C) To ask the professor why he received a low score
(D) To ask the professor to explain the assignment

04 The professor discusses the strengths and weaknesses of the student's story. Indicate whether each item is a strength or a weakness.

	Strength	Weakness
The development of the characters		
The way the sentences were written		
The organization of the story		

Vocabulary

short story 단편 소설 a couple of 몇몇, 몇 개의 plot[plɑt] 줄거리 outline[áutlàin] 개요 character[kǽriktər] 등장인물 identify with ~과 공감하다, ~과 동일시하다 weakness[wíːknis] 단점, 약점 tend to ~하는 경향이 있다 adverb[ǽdvəːrb] 부사 adjective[ǽdʒiktiv] 형용사 necessary[nésəsèri] 필요한 yell[jel] 소리지르다, 고함치다 obvious[ɑ́bviəs] 명백한 long-necked 목이 긴

[05~06]

05 What are the speakers mainly discussing?

(A) Rules for staying in a dorm
(B) Procedures for moving out of a dorm
(C) Getting a new dorm room key
(D) Transferring to another dorm

06 In the conversation, the university employee explains the sequence of steps involved in moving out of a dorm. Put the steps listed below in the correct order.

Step 1	
Step 2	
Step 3	

(A) Return the key to the office
(B) Fill out a form and submit it
(C) Take all possessions out of the dorm room

정답 p. 178

Vocabulary

be planning to ~를 계획하다   move out 나오다, 이사하다   fill out 작성하다   form[fɔːrm] 양식   submit[səbmít] 제출하다
at least 적어도, 최소한   policy[páləsi] 방침   rule[ruːl] 규정   copy[kápi] 권, 부   completely[kəmplíːtli] 완전히
empty[émpti] 비우다   throw out 버리다   drop by 들르다   return[ritə́ːrn] 반납하다

유형 정복

[07~08]

07 What is the talk mainly about?

(A) The volcanic eruptions of Mt. Tambora
(B) The effects of freezing summers on the environment
(C) The reason for a historic temperature drop in the U.S.
(D) The phenomenon of volcanic dust in the atmosphere

08 In the lecture, the professor describes the steps that resulted in the United States' unusual climate in 1816. Put the steps listed below in the correct order.

Step 1	
Step 2	
Step 3	

(A) Wind moves dust around the globe.
(B) Large amounts of gas and dust from the volcano are ejected into the atmosphere.
(C) Dust throws back the sun's rays.

Vocabulary

actually[ǽktʃuəli] 실은, 실제로   **frost**[frɔst] 서리   **kill off** 죽이다   **crop**[krɑp] 농작물   **turn to** ~로 변하다
freeze to death 동사하다   **theorize**[θíəràiz] 이론을 세우다   **volcanic**[vɑlkǽnik] 화산의   **eruption**[irʌ́pʃən] 폭발
approximately[əprɑ́ksəmətli] 거의   **worldwide**[wə́ːrldwàid] 세계적인   **escape**[iskéip] 벗어나다   **release**[rilíːs] 방출하다
atmosphere[ǽtməsfìər] 대기(층)   **reflect**[riflékt] 반사하다   **ray**[rei] 광선   **outer space** 대기권 밖의 공간   **freezing point** 어는점

[09~10]

09 What is the main topic of this lecture?

(A) The economy of Great Britain
(B) The importance of the Industrial Revolution
(C) The factors that allowed Britain to industrialize
(D) Changes to industry in the eighteenth century

10 The professor describes the qualities that made Britain's industrialization possible. Indicate which of the following are qualities mentioned in the lecture.

	Yes	No
Cheap labor from overseas colonies		
Money from overseas sources		
Numerous coal deposits in the country		
Large numbers of available workers		

정답 p. 178

Vocabulary

be familiar with ~과 익숙하다   Industrial Revolution 산업혁명   realize [ríəlàiz] 깨닫다
industrialization [indʌ̀striəlizéiʃən] 산업화   industrialize [indʌ́striəlàiz] 산업화하다   capital [kǽpitəl] 자본
available [əvéiləbl] 이용할 수 있는   overseas [òuvərsíːz] 해외의   colony [káləni] 식민지   foreign trade 해외 무역
railroad [réilròud] 철도   establish [istǽbliʃ] 짓다, 설립하다   mine [main] 광산   factor [fǽktər] 요인
availability [əvèiləbíləti] 이용 가능함   worker [wə́ːrkər] 노동자   in search of ~을 찾아서   owner [óunər] 소유주
be able to ~을 할 수 있다   hire [haiər] 고용하다   wage [weidʒ] 임금   primary [práiməri] 가장 중요한   source [sɔːrs] 근원
power [páuər] 동력   fuel [fjúəl] 에너지를 공급하다

www.goHackers.com

학습자료 제공 · 유학정보 공유

5. 추론 및 목적 파악하기

Inference & Purpose 유형

5. 추론 및 목적 파악하기
Inference & Purpose 유형

"Joseph군이 수업을 취소하려는 이유를 추리해보자!"

수업을 취소하려는 Joseph군, 어떻게 이런 결심을 하게 되었을까요? 그것은 요즘 학생들은 힘든 강의를 안들으려고 해서 강의실이 텅텅 비었다는 Lou군의 말로 이 강의가 힘들다는 것을 유추했기 때문이죠. 이처럼 듣기 시험에는 논리적으로 올바른 추론을 하고 화자의 목적을 이해했는지를 묻는 Inference & Purpose 유형의 문제가 나옵니다. 이제 이 유형의 문제가 어떻게 출제되는지 자세히 알아볼까요?

HACKERS Listening Intro

이렇게 나와요!

Inference 유형

이 유형은 지문에 언급된 내용을 근거로 올바르게 추론된 내용을 고르는 문제입니다. 제시된 정보들을 바탕으로 명확하게 드러나지 않은 사실을 추론하는 문제가 출제 됩니다.

> **What can be inferred about ~?**
> ~에 대해서 추론할 수 있는 것은 무엇인가?

Purpose 유형

이 유형은 특정한 정보가 제시되었을 때 이것을 언급한 화자의 목적이 무엇인지를 파악하는 문제입니다. 특히, 글의 전개 방식에서 해당 정보가 어떤 의도로 쓰이는 가에 대한 문제가 출제됩니다.

> **Why does the man mention ~?**
> 남자는 왜 ~을 언급하는가?

유형 1
유형 2
유형 3
유형 4
유형 5

 이렇게 들어요!

1. 주어진 정보를 근거로 올바르게 추론합니다

2. 화자의 목적을 파악합니다

유형 연습

1 주어진 정보를 근거로 올바르게 추론하기

- 화자가 말한 것을 근거로 논리적으로 추론합니다. 이때 논리의 비약이 일어나지 않도록 반드시 지문의 내용만을 바탕으로 생각합니다.
- 대화나 강의가 마무리되는 부분에서 화자의 다음 행동을 유추하는 문제가 나올 수 있으므로 놓치지 않도록 합니다.

다음 지문 일부의 빈칸을 받아 적고, 질문에 알맞은 답을 고르세요. (지문 내용은 두 번 들려줍니다.)

01

S: I wanted to talk to you / about ① **changing my paper topic**. I found / that ② **too many students are working** on the same topic as me. I want to ③ **do something different**.
→ 추론의 근거 : 많은 학생들이 같은 토픽에 대해서 연구함

P: I see... What would you like to research?

Q. What can be inferred about the student's topic? → 학생의 토픽에 대해 올바르게 추론한 것을 묻는 문제

　(A) It is very popular.
　(B) It is too difficult.
　(C) It is not interesting.

Voca　paper[péipər] 보고서　topic[tápik] 토픽, 주제　work on ~을 연구하다　research[risə́:rtʃ] 연구하다, 조사하다

02

P: OK... I think / we've covered everything for today. We don't really ① _____ _____ / to look at any new material. Now, / make sure / you review your class notes / because there will ② _____ / _____ ...

Q. What will happen in the next class?

　(A) The students will take a test.
　(B) The professor will introduce a new topic.
　(C) The students will review their notes.

Voca　cover[kʌ́vər] (범위를) 다루다　material[mətíəriəl] 소재　review[rivjú:] 복습하다　quiz[kwiz] 퀴즈, 약식 시험

HACKERS
Listening Intro

03   S: I don't know / why I got a ticket / for parking in front of the dormitory. I just had to move something / up to my room. I ① _____ / that I would ② _____ / _____, / and he said / ③ _____.

Q. What can be inferred about the student?

(A) He has lived at the dorm for a short time.
(B) He usually parks his car behind the dorm.
(C) He knows he shouldn't park in front of the dorm.

Voca   ticket[tíkit] (교통 위반 등의) 범칙금 고지서   dormitory[dɔ́:rmitɔ̀:ri] 기숙사   park[pɑ:rk] 주차하다

04   P: OK... Let's talk / about ① _____. This process is known as the Neolithic Revolution. Now... / most people think / a revolution ② _____. Well, / ③ _____...

Q. What can be inferred about the Neolithic Revolution?

(A) It took place over a long period of time.
(B) It happened because people could not find food.
(C) It resulted from sudden changes to society.

Voca   early[ə́:rli] 초기의   process[prɑ́ses] 과정   Neolithic Revolution 신석기 혁명   suddenly[sʌ́dnli] 급작스럽게   quickly[kwíkli] 빠르게

정답 p. 190

유형 연습

2 화자의 목적 파악하기

- 지문 속에서 화자가 특정한 내용을 말할 때 이것을 왜 언급했는지 파악합니다.
- 화자는 강조, 보충 설명, 예증, 예시 등의 목적을 위해 주제와 관련이 적어 보이는 소재들을 주로 사용합니다.

다음 지문 일부의 빈칸을 받아 적고, 질문에 알맞은 답을 고르세요. (지문 내용은 두 번 들려줍니다.)

05
S: Is the outline required? I'm sorry, / but ① I didn't make one. I just started writing / because I thought / ② I should finish the paper / as soon as possible.
P: Hmm... / you know, / to organize your paper, / ③ you need a good outline. It's like the foundation of a building.

보고서를 체계적으로 만들기 위해서는 좋은 아웃라인이 필요함
좋은 아웃라인 = 빌딩의 토대

Q. Why does the professor mention the foundation of a building?
→ 교수가 빌딩의 토대를 언급한 목적을 묻는 문제

(A) To show that buildings need a foundation
(B) To emphasize the importance of an outline
(C) To explain how an outline is made

Voca outline [áutlàin] 개요 organize [ɔ́ːrɡənàiz] 체계적으로 만들다 foundation [faundéiʃən] 토대, 기초

06
M: May I use my own heater / in my dorm room? It's so cold this winter!
W: I'm afraid / ① _____. A year ago, / there was a fire in the dormitory / ② _____. Fortunately, / no one got hurt. However, / personal heaters ③ _____ / _____.

Q. Why does the woman mention the fire?

(A) To indicate a heater brand that is dangerous
(B) To explain why personal heaters are not allowed
(C) To illustrate how a personal heater should be used

Voca against [əɡénst] ~에 반하여 fortunately [fɔ́ːrtʃənətli] 다행스럽게 get hurt 다치다, 상처 입다 ban [bæn] 금지하다

07

P: A cloud is ① _____ , / frozen water crystals, / and dust.

S: But water is heavier than air... / how does a cloud float?

P: Good question. ② _____ too, / but interestingly enough, / they can float on water. Basically, / ③ _____ .

Q. Why does the professor mention a log?

   (A) To show that logs are not heavy
   (B) To name another object that can float
   (C) To explain how clouds remain in the air

Voca   cloud[klaud] 구름   droplet[dráplit] 물방울   frozen[fróuzən] 얼어붙은   crystal[krístəl] 결정
      dust[dʌst] 먼지   log[lɔːg] 통나무   float[flout] 뜨다   principle[prínsəpl] 원리

08

P: Contact between different cultural groups / may result in ① _____ .

Sometimes ② _____ / are harmed... For instance, / European explorers brought many diseases / to the New World. ③ _____ _____ for Native Americans. However, / in many cases, / ④ _____ _____ / from these sorts of encounters...

Q. Why does the professor mention diseases brought by European explorers?

   (A) To describe a common result of a meeting of different cultural groups
   (B) To give an example of a negative effect of a meeting between two groups
   (C) To demonstrate that cultural exchanges are rarely beneficial

Voca   contact[kántækt] 만남, 접촉   cultural[kʌ́ltʃərəl] 문화의   result in ~을 야기하다   variety[vəráiəti] 다양(성)
      outcome[áutkʌm] 결과   harm[hɑːrm] 해를 입히다   for instance 예를 들면   European[jùərəpíːən] 유럽인
      explorer[iksplɔ́ːrər] 탐험가   disease[dizíːz] 질병   New World 신세계, 아메리카 대륙
      Native American 미국 원주민, 인디언   benefit from ~로 부터 혜택을 얻다   encounter[inkáuntər] 조우, 마주침

정답 p. 190

유형 정복

 다음 지문의 빈칸을 받아 적고, 질문에 알맞은 답을 고르세요. (지문 내용은 두 번 들려줍니다.)

[01]

W: Hi. I was hoping / you could help me / ① _____ / _____ . We're currently using a room in Lincoln Hall, / but it's too noisy / because of all the construction.

M: Hmm... It'll be hard / to find another place. All the practice rooms on campus are booked... You know, / ② _____ _____ .

W: Yeah, / I know... The problem is / that we have a concert / in two weeks. We were supposed to practice / in the music room, / but the jazz band asked us / to switch places. I think / ③ _____ _____ ! They asked us / ④ _____ _____ !

M: Well, / I don't know right now. I'll check again / and let you know / ⑤ _____ .

W: Thanks.

Vocabulary

choir [kwáiər] 합창단　**practice** [prǽktis] 연습　**currently** [kə́:rəntli] 현재(는)　**noisy** [nɔ́izi] 시끄러운
construction [kənstrʌ́kʃən] 공사, 건축　**book** [buk] 예약하다　**concert** [kánsə(:)rt] 연주회, 콘서트
switch [switʃ] 바꾸다, 교환하다　**on purpose** 고의로　**right before** 바로 직전에

01 What does the woman imply about the members of the jazz band?

(A) They knew about the construction near Lincoln Hall.
(B) They will be performing at the concert with the choir.
(C) They were not bothered by the noise when they rehearsed.
(D) They have not arranged for a place to practice.

정답 p. 196

Looking into campus life — 대학 생활 들여다보기

미국에서 새롭게 펼쳐지는 대학 생활을 간단히 둘러볼까요? 콘서트나 초청 강연이 있을 때 찾게 되는 auditorium(대강당), 많은 친구들이 살고 있는 dormitory(기숙사), 공부하고 싶어지게끔 하는 library(도서관), 학생들의 건강까지 생각하는 gym(체육관), 하루 세끼 식사를 책임지는 dining hall(학생 식당), 간식이 먹고 싶을 때를 위해 간단한 스낵을 구비한 cafeteria(간이 식당)까지… 벌써부터 기대되나요?

유형 정복

[02]

P: Now... / we've been studying / the different components of a, um, chromosome. Before we begin today's lesson, / let's have a quick review. Can anyone tell me / what a chromosome is?

S: It's a package of DNA. ① _____ a lot of DNA. ② _____ / like a piece of rope. This collection of DNA is called a chromosome.

P: That's right! Today we are going to discuss telomeres. A telomere is a group of specialized DNA / ③ _____ a chromosome. ④ _____ / _____ the chromosome. Basically, / by covering the end of the chromosome, / a telomere ensures / ⑤ _____ _____. Um... / it is kind of like the plastic cap / on the end of a shoelace.

Vocabulary

component[kəmpóunənt] 구성 요소   chromosome[króuməsòum] 염색체   package[pǽkidʒ] 집합체, 패키지
cell[sel] 세포   contain[kəntéin] 포함하다   join[dʒɔin] 결합하다   rope[roup] 밧줄   collection[kəlékʃən] 집합
telomere[téləmìər] 텔로미어   specialized[spéʃəlàizd] 특화된   protect[prətékt] 보호하다   cover[kʌ́vər] 감싸다
ensure[inʃúər] 지키다, 안전하게 하다   strand[strænd] 가닥   damage[dǽmidʒ] 손상을 입히다   plastic[plǽstik] 플라스틱
cap[kæp] 덮개, 뚜껑   shoelace[ʃúːlèis] 신발끈

02 Why does the professor mention a shoelace?

   (A) To emphasize the rarity of telomeres
   (B) To illustrate the function of telomeres
   (C) To explain why telomeres are so special
   (D) To suggest that telomeres are related to DNA

정답 p. 196

Telomere and lifespan — 텔로미어와 수명

telomere(텔로미어)는 chromosome(염색체)의 손상을 방지해주는 역할을 하며 나이를 먹을수록 점점 짧아집니다. 그래서 telomere의 길이는 lifespan(수명)과 연관되어 있다고 알려져 있어요. 인위적으로 telomere를 길게 만든 생물체의 수명은 늘어난다는 실험 결과도 있고요. 하지만 무조건 긴 telomere가 좋기만 한 것은 아닙니다. telomere가 짧아지지 않으면 cancer(암)의 원인이 되기도 하거든요.

유형 정복

 다음 지문을 듣고 질문에 알맞은 답을 고르세요.

[03~04]

03 Why does the student go to see the professor?

(A) To sign up to run as a candidate for the student council
(B) To get advice about her report on monitoring elections
(C) To get instructions on how to use a voting machine
(D) To ask if she can volunteer during the student election

04 What will the student probably do next?

(A) Go to a class
(B) Return with her friend
(C) Get a new ID card
(D) Attend an orientation

Vocabulary

in charge of ~을 맡고 있는   supervise[sjúːpərvàiz] 관리하다, 감독하다   election[ilékʃən] 선거
volunteer[vàləntíər] 자원봉사자, 지원하다   apply[əplái] 지원하다   involve[inválv] 의미하다, 포함하다   make sure 확인하다
voting machine 투표 기계   work[wəːrk] 작동하다   attend[əténd] 참석하다   fill out 작성하다, 기입하다

[05~06]

05 What are the speakers mainly discussing?

(A) The student's poor performance in class
(B) The student's physics report
(C) A physics course the student took
(D) The rules for dropping a class

06 Why does the student mention Fundamentals of Physics?

(A) To point out that physics is an interesting subject
(B) To name the physics courses that he has taken
(C) To explain that the course he is presently taking is too difficult
(D) To emphasize the importance of taking physics

정답 p. 196

Vocabulary

notice [nóutis] 주목하다, 알아차리다   complete [kəmplíːt] 이수하다   introductory [ìntrədʌ́ktəri] 입문의
advanced [ədvǽnst] 고급의, 고등의   drop [drɑp] (수업·학교 등을) 그만두다   go over 검토하다   comment [kάment] 의견, 논평
appreciate [əpríːʃièit] 감사하다

유형 정복

[07~08]

07 What does the professor mainly discuss?

(A) The methods used to repair works of art from the Renaissance

(B) The differences between two Renaissance methods of art restoration

(C) The importance of Renaissance artists to the development of art

(D) The different types of art produced during the Renaissance

08 What can be inferred about the artists in the first group?

(A) They did not think it was necessary to maintain the art's original style.

(B) They were not as knowledgeable about old art as the second group.

(C) They were not likely to clean the works of art they restored.

(D) They cared about the origin of the art they restored.

Vocabulary

think of A as B A를 B라고 생각하다　period[píəriəd] 시기　work[wə:rk] 작품　interest[íntərəst] 관심
restoration[rèstəréiʃən] 복원　restore[ristɔ́:r] 복원하다　approach[əpróutʃ] 접근법　be concerned with ~에 대해 관심을 두다
appearance[əpíərəns] 외관　material[mətíəriəl] 재료　method[méθəd] 방법　repaint[ri(:)péint] 다시 칠하다
faded[féidid] 색이 바랜　reconstruct[rì:kənstrʌ́kt] 복원하다　missing[mísiŋ] 사라진　statue[stǽtʃu:] 상(像)
make an effort 애쓰다, 노력하다　original[ərídʒənəl] 원래의　condition[kəndíʃən] 상태　conservation[kànsərvéiʃən] 보존
reattach[rì:ətǽtʃ] 다시 붙이다　fragment[frǽgmənt] 조각　significantly[signífikəntli] 중대하게

[09~10]

09 What does the professor mainly discuss?

(A) Behavioral changes in humans as they grow
(B) The principles of development in humans
(C) The differences in rates of human development
(D) The changing lifespan of human beings

10 Why does the professor talk about a teenage boy?

(A) To compare growth rates in teenagers
(B) To show that boys like sports
(C) To describe physical development in humans
(D) To explain that development does not occur at the same time

정답 p. 196

Vocabulary

development[divéləpmənt] 발달   rule[ru:l] 규칙   principle[prínsəpl] 원리, 원칙
throughout[θru:áut] ~의 전체에 걸쳐서, ~내내   lifespan[láifspæ̀n] 생애, 수명   physically[fízikəli] 신체적으로
look like ~처럼 보이다   observe[əbzə́:rv] 관찰하다   behavior[bihéivjər] 행동   mental[méntəl] 정신적, 정신의

www.goHackers.com

학습자료 제공 · 유학정보 공유

HACKERS Listening Intro
듣기실전 트레이닝

실전 연습 1
실전 연습 2

실전 연습 1

 다음 지문을 듣고 질문에 알맞은 답을 고르세요.

[01~05]

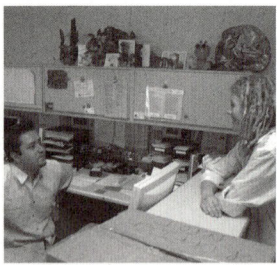

01 Why does the student go to see the university employee?

(A) To complain about a broken window
(B) To request a transfer to another dorm
(C) To ask to have the radiator fixed
(D) To inquire about an extra dorm key

02 Why does the student mention her friend Bob?

(A) To explain that Bob repaired the window
(B) To give an example of a dorm room problem
(C) To talk about Bob's talent at wrestling
(D) To emphasize that the window still needs fixing

03 What two problems does the student's radiator have? Choose 2 answers.

(A) It makes the room too hot.
(B) It cannot be turned on.
(C) It makes too much noise.
(D) Water trickles from it.

HACKERS
Listening Intro

Listen again to a part of the conversation. Then answer the question.

04 Why does the man say this: 🎧

(A) To agree that there is too much rust on the dormitory radiators
(B) To warn the student not to turn on the radiator
(C) To verify what the student thinks about the rust
(D) To affirm that something is wrong with the radiator

05 What can be inferred about the student's calling her friend?

(A) She thinks it will take time to have the radiator fixed.
(B) She is considering moving in with her friend.
(C) She has not seen her friend in a long time.
(D) She believes her friend can fix the radiator.

정답 p. 208

Vocabulary

get stuck 끼다, 박히다　**window frame** 창틀　**wintertime**[wíntərtàim] 겨울철　**heat**[hi:t] 열기　**spread**[spred] 퍼지다
evenly[í:vənli] 고르게　**leak**[li:k] 새다　**rusty**[rʌ́sti] 녹슨　**rust**[rʌst] 녹　**properly**[prɑ́pərli] 제대로
fix[fiks] 고치다, 수리하다　**install**[instɔ́:l] 설치하다　**stop by** ~에 들르다　**off-campus** 캠퍼스 밖에

실전 연습 1

[06~10]

06 What does the professor mainly discuss?

(A) Making a play or a musical
(B) Choosing costumes for a play
(C) The three features of stage design
(D) The lighting used on a stage

07 According to the lecture, what can be inferred about the props used on a stage set?

(A) They come from the stage designer's imagination.
(B) They are genuine items borrowed from museums.
(C) They are designed to have a modern appearance.
(D) They are designed to look as real as possible.

08 According to the lecture, what does a stage designer do before creating the props?

(A) Brainstorm ideas for the stage
(B) Find out what props other plays used
(C) Ask the producers what props to use
(D) Do research on the setting

Listen again to a part of the lecture. Then answer the question.

09 Why does the professor say this:

(A) To give an example of the need for research
(B) To introduce a new idea about stage design
(C) To check if the students are familiar with ancient Rome
(D) To encourage the students to make comments

10 The professor describes the three factors involved in stage design. Match each of the factors with the descriptions in the columns.

	Creates the atmosphere	Establishes place and time	Gives information about the characters
Props			
Costumes			
Lighting			

정답 p. 208

Vocabulary

play[plei] 연극   musical[mjúːzikəl] 뮤지컬   theater[θíː)ətər] 극장   production[prədʌ́kʃən] 제작
stage design 무대디자인   audience[ɔ́ːdiəns] 관객   props[prɑps] (연극의) 소도구   scenery[síːnəri] 배경, 풍경
carefully[kɛ́ərfəli] 신중하게   convincing[kənvínsiŋ] 설득력 있는   fake[feik] 가짜의, 위조의   support[səpɔ́ːrt] 뒷받침하다
costume[kɑ́stjuːm] 의상   gender[dʒéndər] 성별   social class 사회적 지위   personality[pə̀rsənǽləti] 성격
require[rikwáiər] 필요로 하다   fabric[fǽbrik] 옷감   lighting[láitiŋ] 조명   visibility[vìzəbíləti] 가시성 (눈에 보이는 상태)
advance[ədvǽns] 진보하다   performer[pərfɔ́ːrmər] 연기자   completely[kəmplíːtli] 완전히

실전 연습 1

[11~15]

11 What does the professor mainly discuss?

   (A) The general characteristics of seabirds
   (B) Types of birds that migrate long distances
   (C) The flying capacity of the wandering albatross
   (D) The number of kilometers an albatross can travel

Listen again to a part of the lecture. Then answer the question.

12 Why does the professor say this: 🎧

   (A) To point out that the albatross has a particular behavior
   (B) To explain the reasons albatrosses do not search for food close by
   (C) To verify what the students know about wandering albatrosses
   (D) To indicate a reason that food can be difficult to find

13 Why does the professor mention the tallest guy in the classroom?

   (A) To show that albatrosses are about the same height
   (B) To provide background for a discussion on albatross weight
   (C) To explain the general dimensions of the wandering albatross
   (D) To emphasize the length of the albatross's wingspan

14 What is true of the wings of a wandering albatross?

(A) They are made of very powerful muscles.

(B) They move separately from other parts of the body.

(C) They have a special structure to help them fly far.

(D) They have a span of about six feet.

15 What can be inferred about the wandering albatross?

(A) It prefers to live in the south.

(B) It can find its way home.

(C) It survives better in cold climates.

(D) It becomes stronger when it flies.

정답 p. 208

Vocabulary

general [dʒénərəl] 일반적인   characteristic [kæ̀riktərístik] 특성   wandering [wándəriŋ] 방랑하는
travel [trǽvəl] 이동하다, 여행하다   traveler [trǽvələr] 여행자   in search of ~를 찾아서, ~를 찾기 위해   according to ~에 따르면
wingspan [wíŋspæ̀n] 날개 폭   reach [riːtʃ] ~에 이르다, 미치다   spread [spred] 펼치다
mechanism [mékənìzəm] 구조   reside [rizáid] 살다, 거주하다   round trip 왕복 여행   home base 본거지

실전 연습 2

 다음 지문을 듣고 질문에 알맞은 답을 고르세요.

[01~05]

01 Why does the student go to see the professor?

(A) To ask about a grade he received
(B) To request advice about a report
(C) To submit an overdue paper
(D) To explain the reason for his absence

Listen again to a part of the conversation. Then answer the question.

02 What does the professor imply when she says this:

(A) The student should ask his classmates about the assignment.
(B) The student should not expect help from the professor.
(C) The student should know how to do the assignment.
(D) The student should choose a different book to report on.

03 What does the professor tell the student to do?

(A) Write a brief summary of the book
(B) Avoid discussing the characters of the book
(C) Give his personal views of the book
(D) Describe the author of the book

HACKERS
Listening Intro

04 What is the student's attitude toward doing the book report?

(A) He is concerned about not finishing the report on time.

(B) He is worried that he will not understand the story.

(C) He is delighted that he chose a remarkable book.

(D) He is not confident about giving his opinions.

05 What does the professor suggest the student do?
Choose 2 answers.

(A) Choose a different book

(B) Discuss certain parts of the story

(C) Explain what others think of the book

(D) Talk about some of the characters

정답 p. 220

Vocabulary

disturb [distə́:rb] 방해하다　assignment [əsáinmənt] 과제　assign [əsáin] (과제 등을) 내주다, 할당하다
remarkable [rimá:rkəbl] 훌륭한, 주목할 만한　summary [sʌ́məri] 요약　definitely [défənitli] 분명히, 명확히
look for 기대하다, 찾다　express [iksprés] 표현하다　creative [kriéitiv] 독창적인, 창의적인　character [kǽriktər] 등장인물
plot [plɑt] 줄거리　seem [si:m] ~처럼 보이다　accept [əksépt] 받아들이다　religion [rilídʒən] 종교

실전 연습 2

[06~10]

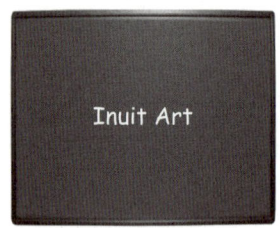
Inuit Art

06 What is the main topic of the lecture?

(A) The creation of a gallery of Inuit art
(B) Modern Inuit artists
(C) The history of the Inuit people
(D) Changes in Inuit art

07 According to the professor, why did the early Inuit travel constantly?

(A) They were unable to build houses.
(B) They had to find food.
(C) They lacked tools and weapons.
(D) They wanted inspiration for their art.

08 What are the features of the Inuit sculptures that were profitable? Choose 2 answers.

(A) They were very big.
(B) They depicted Arctic animals.
(C) They portrayed the arctic landscape.
(D) They were very simple.

Listen again to a part of the lecture. Then answer the question.

09 Why does the professor say this: 🎧

(A) To determine whether the students understand his point
(B) To indicate that what he has said is common knowledge
(C) To imply that many people are interested in the subject
(D) To indicate that the students should do further research

10 What will the class most likely do after the lecture?

(A) Make sculptures in the Inuit style
(B) Visit an exhibition of Inuit art
(C) View a film on the life of an Inuit artist
(D) Tour a traditional Inuit village

정답 p. 220

Vocabulary

look forward to ~을 기대하다   **Inuit** [ínjuːit] 이뉴잇(족)   **the Arctic** 북극   **over time** 시간에 걸쳐   **separate** [sépərət] 개별적인
decorate [dékərèit] 장식하다   **functional** [fʌ́ŋkʃənəl] 기능적인   **permanent** [pə́ːrmənənt] 영구적인
nomadic [noumǽdik] 유목의   **store** [stɔːr] 보관하다   **sculpture** [skʌ́lptʃər] 조각(품)   **material** [mətíːəriəl] 재료
trendy [tréndi] 최신 유행의   **profitable** [práfitəbl] 이윤이 남는   **seal** [siːl] 바다표범

실전 연습 2

[11~15]

11. What does the professor mainly discuss?

    (A) The distinguishing features of desert rocks
    (B) Characteristics of the Death Valley region
    (C) Possible explanations for the movement of rocks
    (D) Common misperceptions about various rock formations

12. According to the lecture, what is a characteristic of the weather in Death Valley?

    (A) Heavy rain that lasts for a short time
    (B) Long periods of very cold temperatures
    (C) Strong winds that blow continuously
    (D) Constant rain throughout the year

13. The professor outlines the four events that cause the rocks to move according to the ice theory. Put the events listed below in the correct order.

Event 1	
Event 2	
Event 3	
Event 4	

    (A) The temperature becomes cold.
    (B) Water on the ground freezes.
    (C) Rain falls for a short time.
    (D) The wind pushes the rock.

14 Why does the professor mention skating?

(A) To demonstrate that mud is very slippery
(B) To illustrate how the rocks may move
(C) To explain a unique trait of desert ice
(D) To emphasize the strength of the wind

15 What is the professor's attitude toward the theories?

(A) She is uncertain about which is correct.
(B) She is doubtful that either is possible.
(C) She is convinced that neither is likely.
(D) She is sure that both are right.

정답 p. 220

Vocabulary

probably[prábəbli] 아마도, 대체로   object[ábdʒikt] 물체   move around 움직여 다니다, 돌아다니다   theory[θí(:)əri] 이론
explanation[èksplənéiʃən] 설명   along[əlɔ́(:)ŋ] ~을 따라   mud[mʌd] 진흙   slippery[slípəri] 미끄러운
slide[slaid] 미끄러져 이동하다   measurement[méʒərmənt] 측정(결과)   come up with ~을 생각해내다   brief[bri:f] 짧은
rainfall[réinfɔ:l] 비, 강우   temperature[témpərətʃər] 온도   track[træk] 자국, 자취

www.goHackers.com

학습자료 제공 · 유학정보 공유

HACKERS Listening Intro

정답·해석·해설

연음 듣기 / 끊어 듣기

연음 듣기

p. 20

01	Problems will often pop up, but you just have to deal with them.	
	문젯거리들이 자주 나타날 거예요, 하지만 당신은 그저 그것들에 대처해야 해요.	
02	Don't forget to work on the essay!	
	에세이 쓰는 것을 잊지 말아요!	
03	To access your personal information, you must sign in.	
	당신의 개인 정보에 접속하기 위해서, 당신은 로그인을 해야 합니다.	
04	The course is difficult, so not many students take it.	
	그 과정은 어려워요, 그래서 많은 학생들이 그것을 선택하지는 않죠.	
05	Watch out you don't miss the deadline.	
	마감일을 놓치지 않도록 주의하세요.	
06	What makes this business less successful?	
	무엇이 이 사업을 덜 성공적으로 만들었나요?	
07	We went on a field trip this semester.	
	우리는 이번 학기에 현장 학습을 갔습니다.	
08	The best thing about this class is the guest speakers.	
	이 수업에서 가장 좋은 것은 바로 초청 연사죠.	
09	Small mammals tend to be more aggressive when they are in danger.	
	작은 포유류들은 그것들이 위험에 처했을 때 더욱 공격적이 되는 경향이 있습니다.	
10	You were supposed to finish your paper yesterday.	
	너는 어제 보고서를 끝냈어야 했어.	
11	I will send you an e-mail.	
	제가 당신에게 이메일을 보낼게요.	
12	I need your advice about the exam.	
	나는 그 시험에 관해 당신의 조언이 필요해요.	
13	I can't let you take the exam again because it would be unfair.	
	나는 당신이 그 시험을 다시 치르도록 해 줄 수 없어요 왜냐하면 그것은 불공평할 테니까요.	
14	Why don't you come and see me this afternoon?	
	오늘 오후에 나를 보러 오는 건 어때요?	

정답·해석·해설

15 I know <u>what you</u> mean, but you should reconsider your decision.
나는 당신이 무엇을 의미하는지 알아요, 하지만 당신은 당신의 결정을 다시 생각해봐야 합니다.

16 They were <u>made in</u> China.
그것들은 중국에서 만들어졌습니다.

17 Don't <u>forget about</u> the report.
그 보고서에 대해 잊지 마세요.

18 He is <u>good at</u> motivating the students.
그는 학생들에게 동기 부여하는 것을 잘해요.

19 <u>What else</u> are we discussing in class today?
오늘 수업에서 우리는 그밖에 무엇을 논의할 건가요?

20 Jack always comes to class <u>right on time.</u>
Jack은 항상 제시간에 수업에 와요.

기초

끊어 듣기

p. 24

01 You have to study hard / for the midterm exam.
　　당신은 열심히 공부를 해야 해요　　중간고사를 위해
당신은 중간고사를 위해 열심히 공부를 해야 해요.

02 I don't have enough time / to finish my homework.
　　저는 충분한 시간이 없어요　　숙제를 끝내기 위한
저는 숙제를 끝낼 시간이 충분하지 않아요.

03 I was surprised / that you didn't pass the exam.
　　나는 놀랐어요　　네가 시험을 통과하지 못했다는 것에
나는 네가 시험을 통과하지 못해서 놀랐어요.

04 What we will discuss today is / the importance of communication.
　　오늘 우리가 논의할 것은 ~입니다　　의사소통의 중요성
오늘 우리가 논의할 것은 의사소통의 중요성입니다.

05 I have a good idea / for the research topic / you assigned us last week.
　　저는 좋은 아이디어가 있어요　　연구 주제에 관한　　당신이 지난 주에 내준
저는 당신이 지난주에 내준 연구 주제에 관한 좋은 아이디어가 있어요.

06 I am wondering / if I can register for classes / for the next semester.
　　저는 궁금해요　　제가 수업을 신청 할 수 있을지　　다음 학기를 위한
제가 다음 학기 수업을 신청할 수 있는지 궁금해요.

연음 듣기 / 끊어 듣기　127

1. 중심 내용 파악하기 Main Purpose/Topic 유형

유형 연습
p. 32

01 (B)　02 (A)　03 (A)　04 (A)　05 (B)　06 (A)　07 (A)　08 (A)　09 (A)　10 (A)　11 (B)　12 (B)　13 (B)

01　Dolphins　① Make clicking sounds　Make whistling sounds　② Communication
돌고래　딸깍하는 소리내기　휘파람 소리내기　의사소통

주어진 핵심 단어들을 살펴보면 돌고래, 딸깍하는 소리내기, 휘파람 소리내기, 의사소통으로 '돌고래의 의사소통 방법'을 설명하고 있음을 알 수 있습니다. 반면, 보기 (A) 돌고래가 휘파람 소리를 내는 이유는 핵심 단어 중 돌고래(Dolphins), 휘파람 소리내기(Make whistling sounds)와만 관련이 있어 지문 전체의 중심 내용이 되기에는 부족합니다.

02　① Summer job　Higher pay　② Kitchen assistant　Professor's assistant
여름방학 아르바이트　더 높은 임금　주방 보조　조교

주어진 핵심 단어들을 살펴보면 여름방학 아르바이트, 더 높은 임금, 주방 보조, 조교로 '여름방학 아르바이트 선택하기'를 설명하고 있음을 알 수 있습니다. 반면, 보기 (B) 여름방학 계절학기 듣기는 핵심 단어와 관련이 없으므로 중심 내용이 될 수 없습니다.

03　① Salt　Water evaporation　Hot sun　② Large place
소금　물의 증발　뜨거운 태양　넓은 장소

주어진 핵심 단어들을 살펴보면 소금, 물의 증발, 뜨거운 태양, 넓은 장소로 '염전에서의 소금 추출법'을 설명하고 있음을 알 수 있습니다. 반면, 보기 (B) 물이 증발하는 원리는 핵심 단어 중 물의 증발(Water evaporation)과만 관련이 있으므로 지문 전체의 중심 내용이 되기에는 부족합니다.

04　Term paper　① Outline　Information to include　② Due date
기말 보고서　개요　포함할 정보　마감일

주어진 핵심 단어들을 살펴보면 기말 보고서, 개요, 포함할 정보, 마감일로 '기말 보고서 쓰기'를 설명하고 있음을 알 수 있습니다. 반면, 보기 (B) 시험 성적 확인하기는 핵심 단어와 관련이 없으므로 중심 내용이 될 수 없습니다.

정답·해석·해설

05

Application form	① Exchange student	Switzerland	② New culture
지원서	교환 학생	스위스	새로운 문화

🦉 주어진 핵심 단어들을 살펴보면 지원서, 교환 학생, 스위스, 새로운 문화로 '교환 학생 지원하기'를 설명하고 있음을 알 수 있습니다. 반면, 보기 (A) 새로운 문화에 적응하기는 핵심 단어 중 새로운 문화(New culture)와만 관련이 있으므로 중심 내용이 되기에는 부족합니다.

06

Psychological disorder	① Children	② Medical therapy	Behavioral therapy
심리 장애	아동	약물 치료	행동 치료

🦉 주어진 핵심 단어들을 살펴보면 심리 장애, 아동, 약물 치료, 행동 치료로 '아동 심리 장애의 치료법'을 설명하고 있음을 알 수 있습니다. 반면, 보기 (B) 약물 치료의 부작용은 핵심 단어 중 약물 치료(Medical therapy)와만 관련이 있으므로 중심 내용이 되기에는 부족합니다.

07

① Oil painting	② Dry slowly	Produce various effects	Last a long time
유화	천천히 마름	다양한 효과 연출	장기간 지속

🦉 주어진 핵심 단어들을 살펴보면 유화, 천천히 마름, 다양한 효과 연출, 장기간 지속으로 '유화의 특징'을 설명하고 있음을 알 수 있습니다. 반면, 보기 (B) 유화를 보존하는 방법은 핵심 단어 중 유화(Oil painting)와 장기간 지속(Last a long time)과만 관련이 있으므로 중심 내용이 되기에는 부족합니다.

08

① Overdue books	② Total amount	③ Return	University Policy
기한 넘긴 도서	총 합계	반납	대학 정책

🦉 주어진 핵심 단어들을 살펴보면 기한 넘긴 도서, 총 합계, 반납, 대학 정책으로 '도서관 대출 벌금 내기'를 설명하고 있음을 알 수 있습니다. 반면, 보기 (B) 교과서 구입하기는 핵심 단어와 관련이 없으므로 중심 내용이 될 수 없습니다.

1. 중심 내용 파악하기

1. 중심 내용 파악하기 Main Purpose / Topic 유형

09
M: Hi... ① I was wondering / if you could help me ② find a book /
안녕하세요   저는 궁금해서요   당신이 제가 책을 찾는걸 도와줄 수 있는지
I need for a report.
제가 보고서를 위해 필요한
W: Can you tell me / what the report is about?
제게 말해 줄 수 있나요   무엇에 관한 보고서인지
M: It's about the writer Ernest Hemingway.
그것은 작가 Ernest Hemingway에 관한 것이에요

M: 안녕하세요… 보고서를 쓰는 데 필요한 책을 찾는걸 도와줄 수 있는지 궁금해서요.
W: 무엇에 관한 보고서인지 말해 줄 수 있나요?
M: 작가 Ernest Hemingway에 관한 것이에요.

🦉 중심 내용임을 알려주는 표시어 "I was wondering if ~" 이하에서 남자는 보고서를 위해 필요한 책을 찾고자(find a book I need for a report)함을 알 수 있습니다.

10
S: Hello, / Professor Cooke. ① I wanted to talk to you / about
안녕하세요   Cooke 교수님   전 교수님과 이야기를 했으면 해요
② my score / on the chemistry exam.
제 점수에 관해   화학 시험에서
P: Yes, / I was surprised / that you failed the exam. You did so
그렇구나   나는 놀랐어   네가 시험에서 낙제를 해서
well the last time.
네가 지난번에는 꽤 잘했는데 말이야
S: I don't know / what happened.
저는 모르겠어요   어떻게 된 건지

S: 안녕하세요, Cooke 교수님. 제 화학 시험 점수에 관해 교수님과 이야기를 했으면 해요.
P: 그렇구나, 나는 네가 시험에서 낙제를 해서 놀랐었어. 지난번에는 꽤 잘했는데 말이야.
S: 저도 어떻게 된 건지 모르겠어요.

🦉 중심 내용임을 알려주는 표시어 "I wanted to talk to you ~" 이하에서 학생은 자신의 점수(my score)에 대해 문의하기 위해 찾아왔음을 알 수 있습니다.

11
P: Most people think of salt / as something used to flavor
대부분의 사람들은 소금을 생각합니다   음식에 맛을 내기 위해 쓰이는 것으로
food. Well, / salt has another purpose. It was used as
그런데   소금은 또 다른 목적이 있습니다   그것은 약으로 쓰였습니다
medicine / thousands of years ago. So... / we're going to
수 천년 전에   그래서   우리는 논의해보겠습니다
discuss... / ① how it was used / to cure disease long ago.
그것이 어떻게 쓰였는지   오래 전에 질병을 치료하기 위해

P: 대부분의 사람들은 소금을 음식에 맛을 내기 위해 쓰이는 것으로 생각합니다. 그런데, 소금은 또 다른 목적으로도 쓰입니다. 수 천년 전에 소금은 약으로 쓰였습니다. 그래서… 우리는 오래 전에 소금이 질병을 치료하기 위해 어떻게 쓰였는지에 대해 논의해보겠습니다.

🦉 중심 내용임을 알려주는 표시어 "we're going to discuss ~" 이하에서 강의는 과거에 소금이 질병을 치료하기 위해 어떻게 쓰였는지(how it was used to cure disease long ago)에 관한 것임을 알 수 있습니다.

정답·해석·해설

12

S: Hi, / Professor Ricks. I missed the class this morning / and
   안녕하세요 Ricks 교수님 제가 오늘 아침 수업에 빠졌습니다
   ① I'd like to know / what the assignment is / for next week.
   그래서 전 알고 싶어요 과제가 무엇인지 다음 주를 위한
P: Why were you absent? Are you sick?
   넌 왜 결석했니 아프니
S: Oh no, / I'm fine. I missed the bus.
   오 아니요 전 괜찮아요 제가 버스를 놓쳤거든요

S: 안녕하세요, Ricks 교수님. 제가 오늘 아침 수업에 빠져서 다음 주 과제가 무엇인지 알고 싶어요.
P: 왜 결석했니? 아프니?
S: 오 아니요, 괜찮아요. 버스를 놓쳤거든요.

🦉 중심 내용임을 알려주는 표시어 "I'd like to know ~" 이하에서 학생은 과제가 무엇인지(what the assignment is)를 묻고자 교수를 찾아왔음을 알 수 있습니다.

13

P: Today, / ① we'll look at a type of bee / that's called the yellow
   오늘 우리는 벌의 한 종류에 대해 살펴보겠습니다 말벌이라고 불리는
jacket... / ② especially how it is different from a honeybee.
              특히 그것이 꿀벌과 어떻게 다른지를
Some people think / it looks like the honeybee. But it is
어떤 사람들은 생각합니다 그것이 꿀벌과 비슷하게 보인다고
important to know / that the yellow jacket can be a lot more
하지만 아는 것이 중요합니다 말벌이 훨씬 더 위험할 수 있다는 것을
dangerous.

P: 오늘, 우리는 말벌이라고 불리는 벌의 한 종류에 대해… 특히 그것이 꿀벌과 어떻게 다른지를 살펴보겠습니다. 어떤 사람들은 그것이 꿀벌과 비슷하게 보인다고 생각합니다. 하지만 말벌이 훨씬 더 위험할 수 있다는 것을 아는 것이 중요합니다.

🦉 중심 내용임을 알려주는 표시어 "we'll look at ~" 이하에서 강의는 말벌이라고 불리는 벌의 한 종류(a type of bee that's called the yellow jacket)에 대해서, 특히 그것이 꿀벌과 어떻게 다른지(especially how it is different from a honeybee)에 관한 것임을 알 수 있습니다.

1. 중심 내용 파악하기 Main Purpose/Topic 유형

유형 정복
p. 36

01 (C) 02 (A) 03 (B) 04 (A) 05 (D) 06 (A)

[01]

S: Hi, / Professor Wilson. ⁰¹I was wondering / ① if I could turn in my paper next week / instead of tomorrow. I've been sick / the past few days, / so I couldn't work on it.

P: I'm sorry, / Charles, / but I'm afraid / ② I can't give you any more time / to finish the paper. I told the class / on the first day / that I don't give ③ deadline extensions.

S: I know, / but honestly, / I was very sick. I can give you a note from my doctor / to prove it.

P: I gave the assignment / one month ago. You had plenty of time / to finish the paper. You'll just have to work on it tonight / ④ so you can hand it in tomorrow.

S: 안녕하세요, Wilson 교수님. ⁰¹보고서를 내일 대신 다음 주에 제출해도 될지 궁금해요. 제가 지난 며칠 동안 아파서, 작업을 진행할 수가 없었어요.

P: 안됐구나, Charles야, 그런데 네가 보고서를 끝낼 수 있도록 시간을 더 줄 수는 없어서 유감이구나. 내가 첫째 날 마감일을 연장하지 않겠다고 학생들에게 말했잖니.

S: 알아요, 하지만 솔직히 많이 아팠거든요. 그걸 증명하기 위해 의사 선생님이 써주신 소견서도 드릴 수 있어요.

P: 내가 한 달 전에 과제를 내줬잖니. 너는 보고서를 끝낼 시간이 많이 있었어. 너는 그냥 오늘 밤에 작업을 진행해서 내일 제출할 수 있도록 해야 할거야.

학생의 용건: 마감일 연장
교수의 반응: 마감일을 연장해 줄 수 없음

---

01 Why does the student visit his professor?

(A) To request a make-up test
(B) To submit the first draft of his paper
(C) To ask for extra time to work
(D) To inquire about how to raise his grade

학생은 왜 교수를 찾아 갔는가?

(A) 보충 시험을 요청하려고
(B) 보고서의 초안을 제출하려고
(C) 작업을 위한 시간을 더 요청하려고
(D) 자신의 성적을 올릴 수 있는 방법에 대해 문의하려고

🦉 중심 내용임을 알려주는 표시어 "I was wondering if ~" 이하에서 학생이 내일 대신 다음 주에 보고서를 제출할 수 있는지 (I could turn in my paper next week instead of tomorrow)를 문의하기 위해 교수를 찾아 왔음을 알 수 있습니다.

정답 · 해석 · 해설

[02]

Now... / I just wanted to go over a few things / before the field
자...   저는 몇 가지를 검토하고 싶어요   다음 주에 있을 현장 답사 전에
trip next week. As I am sure / you know, / this trip will ① provide
      제가 확신하는 대로 여러분이 알고 있다고 이번 답사는 여러분에게
you with an opportunity / to learn a lot about spiders. However, /
기회를 제공해 줄 거예요   거미들에 대해 많은 것을 배울 수 있는   그런데
it's important / that you have a bit of, / you know... / background
중요합니다   여러분이 약간의 ~을 가지고 있는 것이   음   배경지식 먼저
information first. ⁰²So, / today, / I am going to talk / about ② the
                  그래서 오늘 저는 이야기를 할까 해요   주제
different types of spider webs... Um... / you should remember /   다양한
다양한 거미줄의 유형에 대해서   음   여러분은 기억해야 해요 거미줄의
                                                                  유형
that every species of spider produces / a different type of web.
모든 종류의 거미들이 만든다는 것을   다른 종류의 거미줄을
③ All webs are used / to catch food. However, / ④ the shape of
모든 거미줄은 사용됩니다 먹이를 잡는 데   그러나
the web varies / depending on what kind of prey / the species
거미줄의 형태는 달라져요   먹이가 무슨 종류인가에 따라
usually eats. OK... Let's look at some specific examples.
그 종이 주로 먹는 자   몇 가지 구체적인 예를 살펴보도록 하죠

자... 저는 다음 주에 있을 현장 답사 전에 몇 가지를 검토하고 싶어요. 여러분이 알고 있을 거라 확신하는데, 이번 답사는 여러분에게 거미들에 대해 많은 것을 배울 수 있는 기회를 제공해 줄 거예요. 그런데, 여러분이 먼저, 음... 약간의 배경지식을 갖추고 있는 것이 중요합니다. ⁰²그래서, 오늘 저는 다양한 거미줄의 유형에 대해서 이야기를 할까 해요... 음... 여러분은 모든 종류의 거미들이 다른 종류의 거미줄을 만든다는 것을 기억해야 해요. 모든 거미줄은 먹이를 잡는 데 사용됩니다. 그러나, 거미줄의 형태는 그 종이 주로 먹는 먹이가 무슨 종류인가에 따라 달라져요. 자... 몇 가지 구체적인 예를 살펴보도록 하죠.

유형 1
유형 2
유형 3
유형 4
유형 5

---

02 | What is the lecture mainly about?

(A) The various types of spider webs
(B) Differences between species of spiders
(C) How a spider web is produced
(D) Hunting techniques used by spiders

강의는 주로 무엇에 관한 것인가?

(A) 다양한 종류의 거미줄
(B) 거미 종들간의 차이점
(C) 거미줄이 만들어지는 방법
(D) 거미들이 사용하는 사냥기술

🦉 중심 내용임을 알려주는 표시어 "today, I am going to talk about ~" 이하에서 강의가 다양한 거미줄의 유형(the different types of spider webs)에 관한 것임을 알 수 있습니다.

1. 중심 내용 파악하기 133

1. 중심 내용 파악하기 Main Purpose / Topic 유형

[03]

S: Good afternoon, / Professor James... Am I late for my appointment?

P: No, no... You're right on time. What can I help you with?

S: Well, / ⁰³I wanted your advice / about the topic I've chosen / for my term paper.

P: You've already picked your topic? You have three more months / to finish it.

S: Yeah... I'd like to get started / as early as possible.

P: I see... So, / what were you thinking about / for a topic?

S: I was considering dialects. You know, / the way a language changes / depending on the region. The topic seems to fit well / with what we've covered in class.

P: Hmm... Well, / the thing is, / I think / the subject may be too broad / for a paper. Why don't you try / to narrow your topic? You could focus on, uh, one particular dialect, / for example.

S: Actually, / that could work...

S: 안녕하세요, James 교수님… 제가 약속에 늦었나요?
P: 아니, 아니야… 제시간에 맞춰 왔구나. 무엇을 도와줄까?
S: 음, ⁰³제가 기말 보고서를 쓰려고 고른 토픽에 관해 교수님의 조언을 얻고 싶어서요.
P: 벌써 토픽을 골랐니? 보고서를 끝내려면 3개월이나 더 남았는데.
S: 네… 가능한 빨리 시작하고 싶어서요.
P: 알겠다… 그래서, 무엇을 토픽으로 생각하고 있었니?
S: 방언을 고려하고 있었어요. 그러니까, 지역에 따라 언어가 바뀌는 방식말이에요. 그 토픽은 우리가 수업 시간에 다루었던 것과 잘 들어맞는 것 같아요.
P: 음… 그래, 사실, 나는 그 주제가 보고서 하나를 쓰기에는 너무 광범위하다는 생각이 드는구나. 토픽을 좁혀보는 건 어떠니? 너는, 어, 하나의 특정한 방언에 초점을 맞출 수도 있단다, 예를 들면 말이다.
S: 사실, 그게 괜찮을 것 같네요…

정답·해석·해설

03 Why does the student meet with the professor?

(A) To ask for more time to complete a paper
(B) To seek advice about a topic
(C) To find out which topic has been assigned
(D) To hand in a completed essay

학생은 왜 교수를 만나는가?

(A) 보고서를 끝낼 시간을 더 달라고 요청하기 위해
(B) 토픽에 관한 조언을 구하기 위해
(C) 어떤 토픽이 지정되었는지 알아내기 위해
(D) 완성된 에세이를 제출하기 위해

🦉 중심 내용임을 알려주는 표시어 "I wanted your advice about ~" 이하에서 학생이 기말 보고서를 쓰려고 고른 토픽(the topic I've chosen for my term paper)에 관한 조언을 얻기 위해 교수를 찾아 왔음을 알 수 있습니다.

유형 1
유형 2
유형 3
유형 4
유형 5

1. 중심 내용 파악하기 135

1. 중심 내용 파악하기 Main Purpose / Topic 유형

[04]

W: Hi... [04]I'd like to ask a question / about registration.
　　안녕하세요　　　전 질문을 드리고 싶은데요　　　　등록에 관해

M: Sure.
　　물론이죠

W: I was registering for my classes online... / but when I tried to sign
　　저는 온라인으로 수업을 등록하려던 중이었어요　　그런데 제가 수업을 신청하려고 할 때

up for a class, / [04]I got a message / saying that I'm not allowed
　　　　　　　　　저는 메시지를 받았어요　　제가 수업 등록하는 것이 허용되지 않는다는

to register for the course. Can you tell me the reason for this?
　　　　　　　　　　　　　　이것에 대한 이유를 제게 말씀해 주실 수 있나요

학생의 문제
온라인 수강 신청이 불가

M: OK, / what is your student ID number?
　　네　　　학생의 학번이 무엇이죠

W: It's 4-1-2-5-5-7-8-3-3.
　　　　412557833입니다

M: OK... So you're Mary Murphy?
　　좋아요　　학생은 Mary Murphy군요

W: Right.
　　맞아요

M: Well, / it says here in our database / that you're not allowed to
　　음　　여기 우리 데이터베이스에 나오네요　　학생은 온라인으로 등록하는 것이 허용되지 않는다고

register online / because you have an unpaid library fee / for
　　　　　　　　학생이 미납한 도서관 벌금이 있기 때문에

overdue books.
　연체 도서들에 대해

학생에게 미납된
도서관 벌금이 있음

W: I believe / I paid that fine. I'm sure / I did.
　저는 생각해요　전 그 벌금을 납부했어요　전 확신해요　제가 그랬다고

M: Well, / this is the registrar's office, / so you can't take care of
　　음　　여기는 수업 등록 사무실입니다　　그래서 학생은 여기서 그 문제를 처리할 수 없어요

that issue here. You'll need to talk to the head librarian.
　　　　　　　　　　학생은 사서장과 이야기해야 할 거예요

W: OK, / so... / if I fix the problem, / will I be allowed to register?
　좋아요　그래서　제가 그 문제를 해결하면　　제가 등록하는 것이 허용될까요

M: Yes, / but you'll have to give me a receipt / stating that you
　예　　하지만 학생은 영수증을 저에게 제출해야 합니다

직원의 제안
도서관 사서장을 만나러 갈 것

have resolved the problem.
학생이 그 문제를 해결했다고 나와 있는

W: OK, / I'm heading for the library now.
　네　　전 도서관으로 지금 가봐야겠어요

W: 안녕하세요… [04]등록에 관해 질문을 드리고 싶은데요.
M: 물론이죠.
W: 온라인으로 수업을 등록하려던 중이었는데요… 수업을 신청하려고 할 때, [04]제가 수업 등록을 할 수 없다는 메시지를 받았어요. 그 이유를 말씀해 주실 수 있나요?
M: 네, 학번이 어떻게 되죠?
W: 412557833입니다.
M: 좋아요… 학생은 Mary Murphy군요?
W: 맞아요.
M: 음, 여기 우리 데이터베이스에 학생이 연체 도서들에 대해 미납한 도서관 벌금이 있기 때문에 온라인으로 등록할 수 없다고 나오네요.
W: 저는 그 벌금을 납부했다고 생각해요. 그랬다고 확신해요.
M: 음, 여기는 수업 등록 사무실입니다, 그래서 학생은 여기서 그 문제를 처리할 수 없어요. 학생은 사서장과 이야기해야 할 거예요.
W: 좋아요. 그래서… 그 문제를 해결하면, 등록할 수 있을까요?
M: 예, 하지만 학생은 그 문제를 해결했다고 나와 있는 영수증을 저에게 제출해야 합니다.
W: 네, 도서관으로 지금 가봐야겠어요.

정답 · 해석 · 해설

04 Why does the student speak to the man?

(A) To inquire about why she is not permitted to register
(B) To check the fee for overdue library books
(C) To ask about the procedure for online registration
(D) To obtain a receipt for a fee she paid

학생은 왜 남자와 이야기 하는가?

(A) 왜 그녀가 등록이 허용되지 않는지 문의하기 위해
(B) 연체된 도서관 책으로 인한 벌금을 확인하기 위해서
(C) 온라인 등록 절차를 문의하기 위해서
(D) 그녀가 지불한 벌금에 대한 영수증을 얻기 위해서

> 중심 내용임을 알려주는 표시어 "I'd like to ask a question about ~" 이하에서 학생은 등록(registration)에 관해 물어보러 왔음을 알 수 있습니다. 특히, 학생은 수업을 등록하는 것이 허용이 되지 않는다는 메시지를 받았다(I got a message saying that I'm not allowed to register for the course)고 말하며 이것에 대한 이유를 묻고(Can you tell me the reason for this) 있습니다.

유형 1
유형 2
유형 3
유형 4
유형 5

1. 중심 내용 파악하기 137

1. 중심 내용 파악하기 Main Purpose / Topic 유형

[05]

P: OK... I am sure / many of you are familiar with the, uh, sophisticated culture / that existed in ancient Egypt. I mean, / the pyramids and so forth are really famous. But... / they also had a very advanced calendar system. In fact, / they had two separate calendars... / one for taxes / and one for agriculture. ⁰⁵Today, / I would like to talk / about these two Egyptian calendars...

Now, / the calendar / used for taxes / was called the civil calendar. A year had 365 days, / and it was divided into 12 months. However, / each month had exactly 30 days. Then, / what happened to the extra 5 days? The Egyptians had a special five-day holiday / at the end of each year. As you can see, / this calendar was really similar to the modern calendar.

S: So, / you mean / the other calendar was quite different?

P: I was about to move on to that. So... / the other calendar was used for farming. And it was divided / according to seasons, / not days...

P: 좋아요… 저는 여러분 중 대다수가, 어, 고대 이집트에 존재했던 세련된 문화와 친숙하다고 확신합니다. 그러니까, 피라미드 등등은 정말 유명하죠. 하지만… 그들은 또한 매우 진보한 달력 체계를 가지고 있었습니다. 사실상, 그들은 두 가지 별개의 달력을 가지고 있었죠… 하나는 조세를 위한 것이고 하나는 농경을 위한 것이었습니다. ⁰⁵오늘, 저는 이 두 가지 이집트 달력에 대해 이야기해보고 싶습니다…

자, 조세를 위해 사용된 달력은 시민력이라고 불렸습니다. 일 년에는 365일이 있었고, 12달로 나누어졌었죠. 하지만, 각각의 달은 정확히 30일이었습니다. 그러면, 나머지 5일은 어떻게 된 걸까요? 이집트인들은 매년 연말에 특별한 5일의 연휴가 있었습니다. 여러분이 알 수 있듯이, 이 달력은 현대의 달력과 아주 유사하죠.

S: 그러면, 나머지 한 달력은 꽤 달랐다는 의미인가요?

P: 그 이야기로 넘어가려고 했습니다. 자… 그 다른 달력은 농업을 위해서 사용되었습니다. 그리고 그것은 일별이 아닌, 계절에 따라 나뉘었습니다…

05 What is the main topic of the lecture?

(A) The seasonal changes in ancient Egypt
(B) The calendars of different countries
(C) The development of the modern calendar
(D) The calendars used by the ancient Egyptians

강의의 주제는 무엇인가?

(A) 고대 이집트의 계절 변화
(B) 서로 다른 국가들의 달력
(C) 현대 달력의 발전
(D) 고대 이집트인들이 사용했던 달력

중심 내용임을 알려주는 표시어 "Today, I would like to talk about ~" 이하에서 강의는 고대 이집트인들이 사용했던 두 가지 달력(two Egyptian calendars)에 관한 것임을 알 수 있습니다.

1. 중심 내용 파악하기 Main Purpose / Topic 유형

[06]

The last time we met, / we talked about surface volcanoes... /
지난번 우리가 만났을 때   우리는 지표화산에 대해 이야기해 보았습니다
and we learned / how these volcanoes form / and what happens /
그리고 우리는 배웠죠   어떻게 이 화산들이 형성되는지   그리고 어떤 일이 발생하는가
when they erupt. Well, / [06]what I want to focus on / for today's class /
그것들이 폭발할 때   자   제가 초점을 맞춰보고 싶은 것은   오늘 수업에서
are submarine volcanoes... / particularly their effects. Submarine
해저화산입니다   특히 그것의 영향입니다
volcanoes are located / on the ocean floor. This means / they are
해저화산은 위치합니다   바다 밑바닥에   이것은 의미하지요   그것들이
underwater.
수면 아래에 있다는 것을

주제
해저화산의 영향

Many people assume / that submarine volcanoes are totally
많은 사람들이 간주합니다   해저화산은 전적으로 무해하다고
harmless / because they erupt under the sea. This is a mistake.
그것들이 바다 아래서 폭발하기 때문에   이것은 잘못된 생각이지요
Submarine volcanoes can be as powerful as surface volcanoes.
해저화산은 지표화산만큼 강력할 수 있습니다
They don't cause damage / on the ocean floor / because the lava
그것들은 손상을 일으키지는 않습니다   해저에   용암이 빨리
cools very quickly / in the water... / but sometimes they can start
식어버리기 때문에   물속에서   하지만 때때로 그것은 해일을 일으킬 수 있습니다
tsunamis... How does this happen? Well, / if the underwater
이것은 어떻게 일어날까요   자   만약 해저화산이 폭발한다면
volcano erupts / with tremendous force, / or if the volcano
   엄청난 힘을 가지고   또는 만약 그 화산이 붕괴한다면
collapses / when it erupts, / it will push the ocean water outward, /
   그것이 폭발할 때   그것은 바닷물을 바깥쪽으로 밀어낼 것입니다
and this will result in a tsunami... / and you know what happens /
그리고 이것은 해일을 초래할 것입니다   그리고 어떤 일이 발생하는지는 여러분도 알고 있지요
when a tsunami hits land.
해일이 육지에 도달한다면

해일을 일으킬 만큼
강력한 해저화산

지난번 우리가 만났을 때, 우리는 지표화산에 대해 이야기해 보았습니다… 그리고 우리는 어떻게 이 화산들이 형성되고 그것들이 폭발할 때 어떤 일이 발생하는가에 대해서 배웠죠. 자, [06]제가 오늘 수업에서 초점을 맞춰보고 싶은 것은 해저화산… 특히 그것의 영향입니다. 해저화산은 바다 밑바닥에 위치합니다. 이는 그것들이 수면 아래에 있다는 것을 의미하지요.

많은 사람들이 해저화산은 바다 아래서 폭발하기 때문에 전적으로 무해하다고 간주합니다. 이것은 잘못된 생각이지요. 해저화산은 지표화산만큼 강력할 수 있습니다. 용암이 물속에서 빨리 식어버리기 때문에 해저에 손상을 일으키지는 않습니다… 하지만 때때로 해저화산은 해일을 일으킬 수 있습니다… 이것은 어떻게 일어날까요? 자, 만약 해저화산이 엄청난 힘을 가지고 폭발한다면, 또는 만약 그 화산이 폭발 시에 붕괴한다면, 그것은 바닷물을 바깥쪽으로 밀어낼 것이고, 이것은 해일을 초래할 것입니다… 그리고 해일이 육지에 도달한다면 어떤 일이 발생하는지는 여러분도 알고 있겠지요.

정답·해석·해설

06 What does the professor mainly discuss?

(A) The effects of submarine volcanoes
(B) The differences between surface and submarine volcanoes
(C) The formation of different types of volcanoes
(D) How volcanoes form on the ocean floor

교수는 주로 무엇에 관해 논의하는가?

(A) 해저화산의 영향
(B) 지표화산과 해저화산의 차이점
(C) 여러 가지 유형의 화산들의 형성
(D) 화산이 해저에서 형성되는 법

> 중심 내용임을 알려주는 표시어 "what I want to focus on for today's class ~" 이하에서 교수는 해저화산, 특히 그것의 영향(submarine volcanoes...particularly their effects)에 관해 논의함을 알 수 있습니다.

2. 세부 사항 파악하기 Detail 유형

유형 연습

01 (B) 02 (B) 03 (A) 04 (A) 05 (A) 06 (B) 07 (B) 08 (A) 09 (B) 10 (A) 11 (A) 12 (B)

01 S: I ① handed in my essay / ② after the deadline.
저는 제 에세이를 제출했어요   마감일 후에

(A) The student changed the project's deadline.
(B) The student submitted his paper late.

S: 전 마감일 후에 에세이를 제출했어요.
(A) 학생은 프로젝트 마감일을 변경했다.
(B) 학생은 보고서를 늦게 제출했다.

정답 (B)는 듣기 문장의 handed in my essay(에세이를 제출했다)와 after the deadline(마감일 후에)을 유사한 뜻을 가진 어구 submitted his paper(보고서를 제출했다)와 late(늦게)를 이용해 같은 정보를 전달하고 있습니다.

02 S: The books I needed / were ① all sold out at the bookstore.
제가 필요했던 책이   서점에서 모두 다 팔렸어요

(A) The student had a hard time finding the books at the bookstore.
(B) The books the student required were out of stock.

S: 제가 필요했던 책이 서점에서 모두 다 팔렸어요.
(A) 학생은 서점에서 책을 찾는데 어려움을 겪었다.
(B) 학생이 필요로 했던 책이 품절이었다.

정답 (B)는 듣기 문장의 needed(필요했다)와 all sold out(모두 다 팔린)을 유사한 뜻을 가진 어구 required(필요로 했다)와 out of stock(품절인)을 이용해 같은 정보를 전달하고 있습니다.

03 P: You know... / ① not all viruses are harmful to humans.
알다시피   모든 바이러스가 인간에게 해롭지는 않습니다

(A) Viruses are not always dangerous.
(B) Some humans are unaffected by viruses.

P: 알다시피… 모든 바이러스가 인간에게 해롭지는 않습니다.
(A) 바이러스가 항상 위험하지는 않다.
(B) 어떤 사람들은 바이러스에 의해 영향을 받지 않는다.

정답 (A)는 듣기 문장의 not all viruses are(모든 바이러스가 ~않다)와 harmful(해로운)을 유사한 뜻을 가진 어구 viruses are not always(바이러스가 항상 ~하지 않다)와 dangerous(위험한)를 이용해 같은 정보를 전달하고 있습니다.

정답 · 해석 · 해설

04 P: The Washington Monument was constructed / ① over a period of many years.
　　워싱턴 기념탑은 건축되었습니다　　여러 해의 기간에 걸쳐

(A) It took a long time to build the Washington Monument.
(B) The Washington Monument was made many years ago.

P: 워싱턴 기념탑은 여러 해에 걸쳐 건축되었습니다.
(A) 워싱턴 기념탑을 짓는데 오랜 시간이 걸렸다.
(B) 워싱턴 기념탑은 여러 해 전에 만들어졌다.

정답 (A)는 듣기 문장의 was constructed(건축되었다)와 a period of many years(여러 해의 기간)를 유사한 뜻을 가진 어구 build(짓다)와 long time(오랜 시간)을 이용해 같은 정보를 전달하고 있습니다.

05 M: The Canadian history class / ① is already full.
　　캐나다 역사 수업은　　이미 꽉 찼어요

(A) There is no space in the Canadian history class.
(B) The class on Canadian history is not popular.

M: 캐나다 역사 수업은 이미 꽉 찼어요.
(A) 캐나다 역사 수업에 자리가 없다.
(B) 캐나다 역사 수업은 인기가 없다.

정답 (A)는 듣기 문장의 full(꽉 찬)과 유사한 뜻을 가진 어구 no space(자리가 없는)를 이용해 같은 정보를 전달하고 있습니다.

06 W: ① The final day / for class registration / is ② next Thursday.
　　마지막 날은　　수업 등록을 위한　　다음 목요일이에요

(A) Class registration begins next Thursday.
(B) Thursday is the deadline for class registration.

W: 수업 등록 마지막 날은 다음 목요일이에요.
(A) 수업 등록은 다음 목요일에 시작한다.
(B) 목요일이 수업 등록 마감일이다.

정답 (B)는 듣기 문장의 the final day(마지막 날)와 유사한 뜻을 가진 어구 the deadline(마감일)을 이용해 같은 정보를 전달하고 있습니다.

07 S: The bus almost always comes / ① ten minutes behind schedule!
　　버스가 거의 항상 와요　　스케줄보다 십 분씩 늦게

(A) The bus schedule should be changed.
(B) The bus is usually late.

S: 버스가 거의 항상 스케줄보다 십 분씩 늦게 와요!
(A) 버스 스케줄은 바뀌어야 한다.
(B) 버스는 보통 늦게 온다.

정답 (B)는 듣기 문장의 almost always comes ten minutes behind schedule(거의 항상 스케줄보다 십 분씩 늦게 오는)과 유사한 뜻을 가진 어구 usually late(보통 늦게)를 이용해 같은 정보를 전달하고 있습니다.

2. 세부 사항 파악하기　143

2. 세부 사항 파악하기 Detail 유형

08 S: I'm really sorry / ① I missed class last week... ② I went skiing the weekend before / and ③ I broke my leg. I was in the hospital / for three days.
P: That sounds / like ④ it must have been very painful.

Q. Why did the student miss class?

(A) He was injured.
(B) He went skiing.

S: 지난주 수업에 빠져서 정말 죄송해요… 지난 주말에 스키를 타러 갔다가 다리가 부러졌거든요. 3일 동안 병원에 있었어요.
P: 많이 아팠던 것처럼 들리는구나.

Q. 학생은 왜 수업을 빠졌는가?

(A) 학생은 다쳤다.
(B) 학생은 스키를 타러 갔다.

🦉 학생의 말에서 학생이 수업에 빠진 이유는 다리가 부러져 병원에 있었기(I broke my leg. I was in the hospital) 때문임을 알 수 있습니다.

09 P: Why were you absent last time? It was a very important class. ① There was a special presentation / given by several students.
S: I know... ② One of my friends participated in the presentation.

Q. According to the professor, why was the last class important?

(A) It included a special lecture.
(B) It involved a student presentation.

P: 왜 지난 시간에 결석했니? 매우 중요한 수업이었단다. 몇몇 학생들이 특별한 발표를 했단다.
S: 알고 있어요… 제 친구 중 한 명이 발표에 참여했거든요.

Q. 교수에 따르면, 왜 지난 수업이 중요했는가?

(A) 수업에 특별 강의가 포함되어 있었다.
(B) 수업에 학생 발표가 포함되어 있었다.

🦉 교수의 말에서 지난 수업이 중요했던 이유는 몇몇 학생들이 특별한 발표를 했기(There was a special presentation given by several students) 때문임을 알 수 있습니다.

10

S: I am really worried ① about the final exam.
전 기말 고사가 정말 걱정돼요

P: I know / exams can be stressful. But don't stay up all night
나는 알고 있단다 시험이 스트레스를 줄 수 있다는 것을   하지만 공부하면서 밤새지는 말아라

studying. Instead, / ② go over your class notes each day.
대신   매일 너의 수업 노트를 복습해라

This will ③ allow you to remember more information.
이것이 네가 더 많은 정보를 기억하도록 해줄 꺼야

Q. What does the professor suggest?

(A) The student should review daily.
(B) The student should study all night.

S: 전 기말 고사가 정말 걱정돼요.
P: 시험이 스트레스를 줄 수 있다는 걸 알고 있단다. 하지만 공부하면서 밤새지는 말아라. 대신, 매일 너의 수업 노트를 복습하도록 해보렴. 그러면 더 많은 내용을 기억할 수 있을거야.

Q. 교수가 제안한 것은 무엇인가?

(A) 학생은 매일 복습해야 한다.
(B) 학생은 밤새도록 공부해야 한다.

🦉 교수의 말에서 교수가 학생에게 제안한 것은 매일 학생의 노트를 복습하라(go over your class notes each day)는 것임을 알 수 있습니다.

11

P: Now... It's important to remember / that ① oil deposits are
자   기억하는 것이 중요합니다   기름층이 주로 발견된다는 것을

usually found / in areas / that were ② once covered by
            지역에서   한때 물에 의해 덮여 있었던

water... / you know, / like the central part of North America.
        알다시피   북미의 중심 지역처럼

This region used to be ③ under a very large sea.
이 지역은 이전에 아주 큰 바다 밑에 있었습니다

Q. What is a characteristic of oil deposits?

(A) They are found in regions that were once underwater.
(B) They are found in areas that are close to the coast.

P: 자… 기름층이 한때 물로 덮여 있었던 지역에서 주로 발견된다는 것을 기억하는 것이 중요합니다… 알다시피, 북미의 중심 지역처럼요. 이 지역은 이전에 아주 큰 바다 밑에 있었습니다.

Q. 기름층의 특징은 무엇인가?

(A) 기름층은 한때 물 아래 있었던 지역에서 발견된다.
(B) 기름층은 해안에서 가까운 지역에서 발견된다.

🦉 교수의 말에서 기름층은 한때 물로 덮여 있었던 지역에서 주로 발견된다(oil deposits are usually found in areas that were once covered by water)는 것을 알 수 있습니다.

2. 세부 사항 파악하기

2. 세부 사항 파악하기 Detail 유형

12
P: OK... So terrestrial planets are smaller / ① than other planet
 자   그래서 지구형 행성들은 더 작습니다   다른 종류의 행성보다
types. This is / because ② they are comprised of rocks and
 이것은 ~입니다   그것들이 암석과 광물로 구성되어 있기 때문
minerals. So, / they do not expand / as much as planets
      그래서   그것들은 팽창하지 않습니다   가스로 만들어진 행성만큼 많이
made of gas... / such as Jupiter.
                목성처럼

Q. Why are terrestrial planets smaller than other planets?

(A) They contain large amounts of gas.
(B) They are made of rocks and minerals.

P: 자… 그래서 지구형 행성들은 다른 종류의 행성보다 더 작습니다. 이것은 그것들이 암석과 광물로 구성되어 있기 때문입니다. 그래서, 그것들은 목성처럼 가스로 만들어진 행성만큼 많이 팽창하지 않습니다.

Q. 지구형 행성들은 왜 다른 종류의 행성보다 더 작은가?

(A) 그것들은 많은 양의 가스를 포함하고 있다.
(B) 그것들은 암석과 광물로 구성되어 있다.

🦉 교수의 말에서 지구형 행성들이 다른 종류의 행성보다 더 작은 이유는 지구형 행성들이 암석과 광물로 구성되어 있기(This is because they are comprised of rocks and minerals) 때문임을 알 수 있습니다.

정답·해석·해설

유형 정복
p. 52

01 (A), (B)　02 (B)　03 (C)　04 (A)　05 (B)　06 (D)　07 (A)　08 (B)　09 (B)　10 (A)

[01]

P: OK... / last class, / we talked about the climate of the Arctic.
　　자　　저번 시간에　　　　우리는 북극의 기후에 대해 이야기해보았습니다
Today, / we are going to ① look at the polar bear. This is an animal /
　오늘　　　우리는 북극곰에 대해 살펴보도록 하죠　　이것은 동물입니다　　주제: 북극곰
that has evolved to survive / in the Arctic environment.
　　살아남도록 진화해온　　　　북극의 환경에서
⁰¹Well, / the fur of the polar bear looks white, / ② but it's actually
　음　　북극곰의 털은 하얗게 보입니다　　　　　하지만 이것은 사실 투명해요
transparent. This allows light to pass / to the bear's skin.
　　　　　이점이 빛이 통과하도록 해주죠　　　곰의 피부까지
③ And their skin is black, / so it absorbs / as much light and heat
　　그리고 그들의 피부는 검어요　　그래서 그것은 흡수합니다　　가능한 많은 빛과 열
as possible. ④ The polar bear can also keep heat / in its body /
　　　　　　　　북극곰은 또한 열을 유지할 수 있습니다　　　　몸 안에
using another physical feature... Anyone know / what it is?
　　또 다른 신체적 특징을 이용해　　　　누구 아나요　　그게 무엇인지
S: Uh... / body fat?
　　음　　체지방이요　　　　　　　　　　　　　　　　　　　　북극곰의 특징
P: Exactly! ⑤ Polar bears have a thick layer of body fat / that
　　정확해요　　　북극곰은 두꺼운 체지방 층을 가지고 있습니다
prevents heat loss!
　　열 손실을 막는

P: 자... 저번 시간에, 우리는 북극의 기후에 대해 이야기해보았습니다. 오늘은 북극곰에 대해 살펴보도록 하죠. 북극곰은 북극의 환경에서 살아남도록 진화해온 동물입니다. ⁰¹음, 북극곰의 털은 하얗게 보이지만, 사실은 투명해요. 이점이 빛이 곰의 피부까지 통과하도록 해주죠. 그리고 그들의 피부는 검어서, 가능한 많은 빛과 열을 흡수합니다. 북극곰은 또한 다른 신체적 특징을 이용해 몸 안에 열을 유지할 수 있습니다... 누구 그게 무엇인지 아나요?
S: 음... 체지방이요?
P: 정확해요! 북극곰은 열 손실을 막는 두꺼운 체지방 층을 가지고 있습니다!

01　Why can the polar bear easily absorb heat from the sun?
　　Choose 2 answers.

(A) It has clear fur.
(B) It has black skin.
(C) It has a lot of body fat.
(D) Its fur changes color.

북극곰은 왜 태양으로부터 열을 쉽게 흡수할 수 있는가? 2개의 답을 고르시오.

(A) 북극곰은 투명한 털을 가지고 있다.
(B) 북극곰은 검은 피부를 가지고 있다.
(C) 북극곰은 체지방을 많이 가지고 있다.
(D) 북극곰의 털 색깔이 변한다.

🦉 교수의 말에서 북극곰이 태양으로부터 열을 쉽게 흡수하는 2가지 이유는 흰색처럼 보이지만 실제로는 투명한 털(the fur of the polar bear looks white, but it's actually transparent)과 검은 피부(their skin is black) 때문임을 알 수 있습니다.

2. 세부 사항 파악하기

2. 세부 사항 파악하기 Detail 유형

[02]

W: Excuse me, / Mr. Roberts? I was told / I should speak to you.
　　실례합니다　　Roberts씨　　전 들었어요　　제가 당신에게 얘기를 해야 한다고

M: Oh? What can I do for you?
　　오　　제가 무엇을 도와 줄까요

W: I'm the president of the drama club / at the university. Well, /
　　저는 드라마 클럽의 회장인데요　　대학교에서　　음

I wanted to talk to you / about ① the price of your tickets.
저는 당신과 이야기를 하고 싶었어요　　　티켓의 가격에 대해서

Actually, / I was hoping / you could arrange / a...you know, / a
사실은　　전 바라고 있었습니다　　당신이 조정해줄 수 있길　　아시겠지만

lower price for students.
학생들을 위해 더 낮은 가격으로

M: I see...
　　그렇군요

W: Yeah... ② ᴼ²Many students just can't afford them.
　　네　　　많은 학생들이 그것들을 살 수 있는 여유가 없어요

M: Really? I didn't realize / ③ they were that expensive.
　　그래요　전 깨닫지 못하고 있었어요　　그것들이 그렇게 비싸다는 것을

W: Well, / most students think / they are. The problem is, / our
　　음　　대부분의 학생들이 생각해요　　그것들이 그렇다고　　문제는 ~입니다

professor told us / ④ we had to watch several of your plays.
저희 교수님께서 저희에게 말씀하셨다는 것　　저희가 몇몇 연극을 봐야 한다고

M: I can't just give a ⑤ discount to all the students. Hmm...
　　전 모든 학생들에게 할인을 해줄 수는 없어요　　음

Let's see / what else I can do here.
어디 봅시다　제가 여기서 할 수 있는 다른 무엇이 있는지

학생의 용건
연극 티켓 가격 할인 요청

직원의 반응
할인 불가 & 다른 방법을 찾아봄

W: 실례합니다, Roberts씨? 당신에게 얘기를 해야 한다고 들었어요.
M: 오? 무엇을 도와 줄까요?
W: 저는 학교 드라마 클럽 회장인데요. 음, 당신과 티켓의 가격에 대해서 이야기를 하고 싶어요. 사실은, 당신이 학생들을 위해… 아시겠지만, 더 낮은 가격으로 조정해 줄 수 있었으면 해서요.
M: 그렇군요…
W: 네… ᴼ²많은 학생들이 티켓을 살 여유가 없어요.
M: 그래요? 전 티켓이 그렇게 비싸다는 것을 깨닫지 못하고 있었어요.
W: 음, 대부분의 학생들이 비싸다고 생각해요. 문제는 교수님께서 저희에게 몇몇 연극을 봐야 한다고 말씀하셨다는 거에요.
M: 모든 학생들에게 할인을 해줄 수는 없어요. 음… 제가 여기서 할 수 있는 다른 것이 있는지 어디 봅시다.

02 What does the woman say about the students?

(A) They want to be part of a drama.
(B) They do not have enough money for plays.
(C) They are all drama majors.
(D) They are too busy to watch a play.

여자는 학생들에 대해 무엇이라고 말하는가?

(A) 그들은 연극의 일부에 참여하고 싶어한다.
(B) 그들은 연극을 보기 위한 충분한 돈을 갖고 있지 않다.
(C) 그들은 모두 연극 전공이다.
(D) 그들은 너무 바빠서 연극을 볼 수 없다.

여자의 말에서 많은 학생들이 연극 티켓을 살 수 있는 여유가 없다(Many students just can't afford them)는 것을 알 수 있습니다.

2. 세부 사항 파악하기 Detail 유형

[03~04]

S: Excuse me, / Professor Johnson?
실례합니다   Johnson 교수님

P: Yes... Are you one of my students?
네   학생은 제 학생 중 한 명인가요

S: No... / but I'm interested in your history of theater class.
아니요   하지만 제가 교수님의 연극사 수업에 관심이 있어서요

But I can't register / because my course load is full. I had to
그런데 전 등록할 수가 없어요   제 수업이 꽉 찼기 때문에

take several required courses this semester... / like English and
전 이번 학기에 필수 과목을 몇 개 들어야 했거든요

geography.
영어랑 지리학 같은 것이요

학생의 용건 — 연극 수업 청강을 허락받기 위해

P: Well, / you can always take it / next semester.
음   학생은 이것을 언제든 들을 수 있지요   다음 학기에

S: I know... / but I really wanted to take it this year. ⁰³Could I, um,
저는 알고 있어요   하지만 저는 이것을 올해 정말 듣고 싶었거든요   제가, 음,

audit the class? You know... / take it, / but not for credit.
청강을 해도 될까요   그러니까 · 이것을 듣죠   하지만 학점은 못 받는 걸로요

P: Well... / sure, / why not? ⁰⁴But remember, / you won't be
그래   알겠어요   안될 이유가 없죠   그런데 명심해요

able to take part in class projects. Those are for registered
학생은 수업 프로젝트에는 참여할 수가 없을 거에요

students.
그것들은 등록한 학생들을 위한 거라서요

교수의 반응 — 청강 가능, 하지만 프로젝트 참여 불가

S: Really? But... / well, / I guess / that's OK. As long as my
정말요   하지만   음   저는 생각해요   그건 괜찮다고

transcript shows / that I audited the class.
제 성적증명서가 보여주는 한   제가 그 수업을 청강했다는 것을

P: Why are you so concerned about that?
학생은 그것에 왜 그렇게 신경을 쓰나요

S: I am planning to study theater / in grad school, / so I need to
전 연극을 공부하려고 계획 중인데요   대학원에서

take many theater classes / before I apply.
그래서 전 많은 연극 수업을 들을 필요가 있거든요   제가 지원하기 전에

P: You know... / most graduate schools don't care about audited
알고 있겠지만   대부분의 대학원들은 청강한 수업에 대해서 신경 쓰지 않아요

classes. They just don't think / they're important.
그들은 생각하지 않아요   그것들이 중요하다고

S: Oh, / really? Hmm... / but still, / I guess / I can learn a lot.
오   정말요   음   하지만 여전히   저는 생각해요   제가 많은 것들을 배울 수 있다고

S: 실례합니다, Johnson 교수님?
P: 네… 제 학생 중 한 명인가요?
S: 아니요… 하지만 교수님의 연극사 수업에 관심이 있어서요. 그런데 수업이 꽉 차서 등록할 수가 없어요. 전 이번 학기에 필수 과목을 몇 개 들어야 했거든요… 영어랑 지리학 같은 것 말이에요.
P: 음, 학생은 다음 학기에 언제든지 들을 수 있지요.
S: 저도 알고 있어요… 하지만 올해 정말 듣고 싶어서요. ⁰³제가, 음, 청강을 해도 될까요? 그러니까… 수업은 듣지만, 학점은 못 받는 걸로요.
P: 그래… 알겠어요, 안될 이유가 없죠? ⁰⁴그런데 학생은 수업 프로젝트에는 참여할 수가 없을 거라는 점을 명심해요. 그것들은 등록한 학생들을 위한 거라서요.
S: 정말요? 하지만… 음, 괜찮을 것 같네요. 제가 그 수업을 청강했다는 것이 제 성적증명서에 남기만 한다면요.
P: 그것에 왜 그렇게 신경을 쓰나요?
S: 전 대학원에서 연극을 공부하려고 계획 중인데요, 그래서 지원하기 전에 연극 수업을 많이 들을 필요가 있거든요.
P: 알고 있겠지만… 대부분의 대학원들은 청강한 수업에 대해서 신경 쓰지 않아요. 그들은 그것들이 중요하다고 생각하지 않아요.
S: 오, 정말요? 음… 하지만 여전히, 제 생각엔 많은 것들을 배울 수 있을 것 같아요.

정답·해석·해설

03 Why does the student visit the professor?

(A) To request permission to enroll in more classes
(B) To ask for advice about graduate school
(C) To inquire about auditing a course
(D) To receive information about a course

학생은 왜 교수를 만나는가?

(A) 더 많은 수업을 등록하기 위한 허가를 요청하기 위해
(B) 대학원에 대한 조언을 구하기 위해
(C) 수업 청강에 대해 묻기 위해
(D) 수업에 대한 정보를 얻기 위해

🦉 중심 내용임을 알려주는 표시어 "Could I, um, audit the class"에서 학생은 수업을 청강하고 싶어서 교수를 찾아왔음을 알 수 있습니다.

04 What won't the student be able to do in an audit class?

(A) Participate in class projects
(B) Change his major
(C) Take the class next semester
(D) Apply for graduate school

학생은 청강 수업에서 무엇을 할 수 없을 것인가?

(A) 수업 프로젝트에 참여하는 것
(B) 전공을 바꾸는 것
(C) 다음 학기에 수업을 듣는 것
(D) 대학원에 지원하는 것

🦉 교수의 말에서 학생은 청강을 하면 수업 프로젝트에 참여할 수 없다(you won't be able to take part in class projects)는 것을 알 수 있습니다.

2. 세부 사항 파악하기 Detail 유형

[05~06]

M: Excuse me... I'm staying / at the Green Ivy Dormitory, room 205... ⁰⁵I was hoping / you could explain / why I received a notice / stating that I have to pay a fine.

W: Just a moment, / let me check... Well, / the reason you have to pay a fine is / that you use a halogen lamp.

M: What's wrong with using a halogen lamp? I need a bright light, / but the dorm lights are so dim.

W: I understand, / ⁰⁶but halogen light bulbs get very hot, / and they can even start a fire.

M: Oh, / I didn't know / it was so dangerous.

W: Well, / we give a list of rules to every student / who moves into the dorms. You should have read the rules.

M: OK, / it's my fault. I'll pay the fine. But I still need a lamp. Can you recommend one?

W: The school bookstore has a few models of desk lamps / for students. They may not be as attractive, / but they meet the safety standards of the university. The important thing is, / they are safe to use, / and they don't cost a lot of money.

M: Well, / thanks for letting me know.

M: 실례합니다… 저는 Green Ivy 기숙사 205호에 살고 있는데요… ⁰⁵제가 벌금을 내야 한다고 써 있는 통지서를 왜 받았는지 설명해 주실 수 있으셨으면 해요.

W: 잠시만요, 확인해 볼게요… 음, 학생이 벌금을 내야 하는 이유는 할로겐 램프를 사용하기 때문이에요.

M: 할로겐 램프를 사용하는 게 무슨 잘못인가요? 전 밝은 불빛이 필요한데, 기숙사 불빛은 너무 어두워요.

W: 이해해요, ⁰⁶하지만 할로겐 전구는 아주 뜨거워져요, 그리고 심지어 불도 일으킬 수 있거든요.

M: 아, 전 그게 그렇게 위험한 줄 몰랐어요.

W: 음, 저흰 기숙사로 이사 오는 학생들에게 규칙 목록을 줘요. 학생은 그 규칙들을 읽어 봤어야 했어요.

M: 네, 제 잘못이군요. 벌금은 낼게요. 하지만 전 아직도 램프가 필요해요. 하나 추천해 주실 수 있으세요?

W: 학교 서점에 학생들을 위한 몇몇 책상용 램프 모델이 있어요. 그렇게 보기 좋지는 않을지도 모르지만, 학교의 안전 규칙을 만족시키는 것들이에요. 중요한 것은, 그것들이 사용하기 안전하고, 돈이 많이 들지 않는다는 거예요.

M: 그렇군요, 알려주셔서 감사해요.

정답 · 해석 · 해설

05 Why does the student go to see the dorm manager?

(A) To ask for a new lamp
(B) To ask about a fine
(C) To request a different room
(D) To pay a dorm fee

학생은 왜 기숙사 관리직원을 찾아 갔는가?

(A) 새로운 램프를 요청하기 위해
(B) 벌금에 대해서 물어보기 위해
(C) 다른 방을 요구하기 위해
(D) 기숙사비를 내기 위해

> 중심 내용임을 알려주는 표시어 "I was hoping you could ~" 이하에서 학생이 왜 벌금을 내라는 통지서를 받았는지(why I received a notice stating that I have to pay a fine)를 물어보기 위해 직원을 찾아왔음을 알 수 있습니다.

06 What does the dorm manager say about halogen light bulbs?

(A) They are expensive.
(B) They are more attractive.
(C) They are popular with students.
(D) They might start fires.

기숙사 관리직원이 할로겐 전구에 대해 무엇이라고 말하는가?

(A) 가격이 비싸다.
(B) 더 보기 좋다.
(C) 학생들 사이에서 인기가 많다.
(D) 불을 일으킬지도 모른다.

> 직원의 말에서 할로겐 전구는 아주 뜨거워져서 심지어 불을 일으킬 수도 있다(halogen light bulbs get very hot, and they can even start a fire)는 것을 알 수 있습니다.

유형 1
유형 2
유형 3
유형 4
유형 5

2. 세부 사항 파악하기 153

2. 세부 사항 파악하기 Detail 유형

[07~08]

P: Um, / you'll remember / that when I assigned the class this problem, / I asked you to think / about what you did / when you were working on it. ⁰⁷This is / what we are focusing on today, / the stages of the creative thinking process. So... / what was the first thing / your group did?

S: Well, / we started out by brainstorming.

P: Yes, / good! That is the first step, / the preparation stage. That's / when you come up with ideas / for dealing with the problem. So... / what happened next? Um... / ⁰⁸the second stage is known as incubation. It's the period / when you take a short break... / but during this time, / your brain is still working on the problem, / even if you're doing something else. And what's the third thing / that happened?

S: Well, / one of us / —Mary, actually— / she suddenly realized / what the right solution was.

P: Excellent! This stage is known as illumination, / the "a-ha!" moment / when you understand / how to solve the problem. And then, / you all sat down to check / whether that solution was valid... This is called verification.

P: 음, 여러분은 제가 이 문제를 학급 전체에게 내주었을 때, 그것을 해결하면서 무엇을 했는지에 대해 생각해보라고 했던 것을 기억할거예요. ⁰⁷이것이 우리가 오늘 다룰 내용인 창조적 사고 과정의 단계예요. 그렇다면… 여러분의 그룹이 한 첫 번째 일이 무엇이었나요?

S: 음, 저희는 브레인스토밍 하면서 시작했어요.

P: 네, 좋아요! 그것이 첫 번째 단계입니다, 준비단계죠. 그것은 여러분들이 이 문제를 해결하기 위해 아이디어를 생각해내는 때이죠. 그럼… 그 다음은 무슨 일이 일어났나요? 음… 두 번째 단계는 부화라고 알려져 있습니다. ⁰⁸그것은 여러분이 짧은 휴식을 취하는 시간이에요… 그렇지만 이 시간 동안, 여러분이 다른 것을 하고 있을 지라도, 여러분의 뇌는 여전히 그 문제를 해결하고 있어요. 그럼 세 번째로 일어난 것은 무엇이죠?

S: 음, 저희 중 한 명, 실은, Mary가 갑자기 올바른 해결책이 무엇인지 깨달았어요.

P: 훌륭해요! 이 단계는 여러분이 어떻게 문제를 푸는지 이해하게 되는, "아하!" 하는 시기로, 조명이라고 알려져 있습니다. 그 후, 여러분은 그 해결책이 타당한 것인지 확인하는 것에 착수했죠… 이 단계를 검증이라고 부릅니다.

07 What is the main topic of the discussion?

(A) The process of creative thinking
(B) Working with a group to solve problems
(C) The best way to solve problems
(D) Verification of the thinking process

논의의 주제는 무엇인가?

(A) 창조적 사고 과정
(B) 해결방안을 찾기 위해 그룹으로 일하는 것
(C) 문제를 해결하는 최고의 방법
(D) 사고 과정의 검증

> 중심 내용임을 알려주는 표시어 "This is what we are focusing on today ~" 이하에서 강의는 창조적 사고 과정의 단계(the stages of the creative thinking process)에 관한 것임을 알 수 있습니다.

08 What does the professor say about the brain during the incubation stage?

(A) It is at its most active stage.
(B) It keeps thinking even at rest.
(C) It recovers from the process of creative thinking.
(D) Its capacity to think is reduced.

교수는 부화 단계 동안의 뇌에 대해서 무엇이라고 말하는가?

(A) 가장 활동적인 단계에 있다.
(B) 쉬고 있는 때에도 계속 생각하고 있다.
(C) 창조적 사고 과정으로부터 회복한다.
(D) 사고 능력이 저하된다.

> 교수의 말에서 부화 단계 동안 우리가 잠시 쉬고 있는 동안에도 뇌는 계속 문제를 해결하고 있다(when you take a short break...but during this time, your brain is still working on the problem)는 것을 알 수 있습니다.

2. 세부 사항 파악하기 Detail 유형

[09~10]

OK... So, / there was a group of people / known as the Anasazi / in the American Southwest. However, / by the twelfth and thirteenth centuries, / the Anasazi people had abandoned their homes. The reason for this / remains a mystery. ⁰⁹Today / I want to talk / about the, um, possible explanations / for why the Anasazi disappeared.

One theory... / well, / the most popular one / says / that a drought / that lasted for about fifty years / forced the Anasazi to, uh, migrate. But... / the thing is... / it is difficult to prove this theory / because there is not enough data / from this time. So, / a group of scientists created a computer program / to simulate conditions / during this period. They included all the available data / about average rainfall, soil types, and population... / things like that. The results of the computer simulation were surprising. ¹⁰They showed / that although there was a serious drought, / it was not strong enough / to force all of the Anasazi to leave. So... / researchers think / other factors probably worsened the situation.

네... 자, 미국 남서부에 아나사지라고 불리는 사람들의 집단이 있었습니다. 하지만, 12세기와 13세기에, 아나사지인들은 그들의 고향을 버리고 떠났습니다. 그 이유는 미스테리로 남아 있죠. ⁰⁹오늘 저는 아나사지인들이 왜 사라졌는지에 대한, 음, 가능한 설명들에 관해 이야기해보고 싶습니다.

한 이론... 그러니까, 가장 대중화된 이론은 50년 가까이 지속된 가뭄이 아나사지인들을, 어, 이주하게 만들었다고 말합니다. 하지만... 사실... 이 시기에 대한 충분한 데이터가 남아 있지 않기 때문에 이 이론을 증명하기는 힘들지요. 그래서, 한 무리의 과학자들이 이 시기의 상황들을 모의 실험하기 위해 컴퓨터 프로그램을 만들었습니다. 그들은 평균 강수량, 흙의 종류, 그리고 인구와 같은 이용할 수 있는 모든 데이터를 포함시켰습니다. 컴퓨터 모의 실험의 결과는 아주 놀라웠죠. ¹⁰그것은 심각한 가뭄이 있었음에도 불구하고, 모든 아나사지인들을 떠나게 할 정도로 충분히 강하지는 않았다는 것을 보여줬습니다. 그래서... 연구자들은 아마 다른 요인이 상황을 악화시켰을 것이라고 생각합니다.

정답·해석·해설

09 What is the main topic of the lecture?

(A) Weather conditions in the American Southwest
(B) Theories about the disappearance of a tribe
(C) The migration patterns of early Americans
(D) The location of the Anasazi homeland

강의의 주제는 무엇인가?

(A) 미국 남서부의 날씨 상태
(B) 한 부족이 사라진 것에 관한 이론
(C) 초기 미국인들의 이주 형태
(D) 아나사지인들의 고향의 위치

> 중심 내용임을 알려주는 표시어 "Today I want to talk about ~" 이하에서 강의는 아나사지인들이 사라진 이유에 대한 가능한 설명(the, um, possible explanations for why the Anasazi disappeared)에 관한 것임을 알 수 있습니다.

10 What did the computer simulation reveal?

(A) The drought was less serious than thought.
(B) The weather most likely caused the disappearance of the Anasazi.
(C) The region did not receive enough rainfall to support the Anasazi.
(D) The records kept by the Anasazi were very accurate.

컴퓨터 모의 실험은 무엇을 밝혀냈는가?

(A) 가뭄이 생각했던 것보다 덜 심각했다.
(B) 날씨가 필시 아나사지인이 사라지도록 야기시켰을 것이다.
(C) 그 지역에는 아나사지인들을 지탱시켜 줄 만큼 충분한 강우가 없었다.
(D) 아나사지인들에 의해 보존되었던 기록은 매우 정확했다.

> 교수의 말에서 실험 결과는 심각한 가뭄이 있었음에도 불구하고 아나사지인들을 떠나게 할 정도로 강하지는 않았다(They showed that although there was a serious drought, it was not strong enough to force all of the Anasazi to leave)는 것을 밝혀냈음을 알 수 있습니다.

유형 1
유형 2
유형 3
유형 4
유형 5

2. 세부 사항 파악하기 157

3. 화자의 의도와 태도 파악하기 Function & Attitude 유형

유형 연습
p. 64

01 (A) 02 (B) 03 (A) 04 (B) 05 (C) 06 (B) 07 (A) 08 (C)

[01~02]

01

S: I couldn't ① find enough information / on the topic / I
   전 충분한 정보를 찾을 수가 없었어요   토픽에 관한

submitted, / so ② I decided to change my topic. Is that OK?
제가 제출했던   그래서 전 제 토픽을 바꾸기로 결정했어요   그게 괜찮을까요

P: What was your original topic?
   학생의 원래 토픽이 뭐였지

Q. Why does the student say this: Is that OK?

(A) To check whether the professor approves
(B) To ask the professor to suggest a topic

S: 제가 제출했던 토픽에 관한 충분한 정보를 찾을 수가 없어서, 제 토픽을 바꾸기로 결정했어요. 괜찮을까요?
P: 학생의 원래 토픽이 뭐였지?

Q. 학생은 왜 이렇게 말하는가: 괜찮을까요?

(A) 교수님이 허락을 해줄지 확인하기 위해서
(B) 교수님께 토픽을 제안해 줄 것을 부탁하기 위해서

> 다시 들려주는 말 이전에 학생은 토픽을 바꾸기로 결정했다(I decided to change my topic)고 말합니다. 이와 같은 문맥을 통해 학생은 교수가 토픽을 바꾸는 것을 허락해 줄 것인지 묻기 위해 괜찮을까요(Is that OK)라고 말했음을 알 수 있습니다.

02

P: You couldn't take the test yesterday / because ① you visited
   학생은 어제 시험을 치지 못했잖아요   학생이 학생의 할머니를 찾아 뵙느라

your grandmother. What will your classmates think / ② if I
                  학생의 반 친구들이 뭐라고 생각할까요

allow you to take a makeup test anyway? Is that OK?
어쨌든 제가 만약 학생이 보충 시험을 칠 수 있게 허락한다면   그게 괜찮을까요

S: Um... I'm sure / they wouldn't mind.
   음   전 확신해요   그들이 개의치 않을 거라고

Q. Why does the professor say this: Is that OK?

(A) To ask the student to choose a time
(B) To ask the student whether a makeup test is fair

P: 학생은 할머님을 찾아 뵙느라 어제 시험을 치지 못했잖아요. 어쨌든 제가 만약 학생이 보충 시험을 칠 수 있게 허락한다면 반 친구들이 뭐라고 생각할까요? 괜찮을까요?
S: 음… 전 그들이 개의치 않을 거라고 확신해요.

Q. 교수는 왜 이렇게 말하는가: 괜찮을까요?

(A) 학생이 시간을 선택할 수 있도록 물어보기 위해서
(B) 보충 시험이 공정한지 학생에게 물어보기 위해서

> 다시 들려주는 말 이전에 교수는 학생에게 자신이 보충 시험을 칠 수 있게 허락한다면 반 친구들이 뭐라고 생각할까요(What will your classmates think if I allow you to take a makeup test)라고 묻습니다. 이와 같은 문맥을 통해 교수는 보충 시험을 치게 하는 것이 공정한 것인지 묻기 위해 괜찮을까요(Is that OK)라고 말했음을 알 수 있습니다.

정답·해석·해설

[03~04]

03
P: Frank Lloyd Wright originated the prairie style of architecture.
　　Frank Lloyd Wright은 건축의 prairie 양식을 창시하였습니다
　① There was one house / that looked like / it was designed
　　한 집이 있었습니다　　　　~처럼 보이는　　그것은 Wright에 의해 설계되었습니다
　by Wright. ② But the actual designer was Jim / — I'm sorry — /
　　　　　　　　그러나 실제 디자이너는 Jim이었습니다　　　　　미안해요
　John S. Van Buren, / ③ a colleague of Wright.
　　John S. Van Buren　　　　　Wright의 동료

　Q. Why does the professor say this: I'm sorry.

　(A) To indicate that she made an error
　(B) To criticize Van Buren's style

P: Frank Lloyd Wright은 건축의 prairie 양식을 창시하였습니다. Wright가 설계한 것처럼 보이는 한 집이 있었습니다. 그러나 실제 디자이너는 Jim, 미안해요, Wright의 동료였던 John S. Van Buren 였습니다.

Q. 교수는 왜 이렇게 말하는가: 미안해요.

(A) 그녀가 실수했음을 나타내기 위해
(B) Van Buren의 양식을 비판하기 위해

🦉 다시 들려주는 말 이후에 디자이너의 이름을 John S. Van Buren이라고 정정합니다. 이와 같은 문맥을 통해 교수는 실수로 이름을 잘못 말했음을 나타내기 위해 미안하다(I'm sorry)고 말했음을 알 수 있습니다.

04
P: Many alliances were established / to destroy Napoleon's
　　많은 동맹들이 창설되었습니다　　　　나폴레옹의 세력을 없애기 위해
　power. ① I want to discuss all of them, / so I'll have to assign
　　　　　전 그것들 모두에 대해서 논의하고 싶어요
　② quite a few readings about them. I'm sorry, / but
　　그래서 저는 그것들에 관한 몇몇 읽을 것들을 내 줄 기에요　미안해요
　③ we don't have the time / to cover everything / in class.
　　하지만 우린 시간이 없어요　　　모든 것을 다룰　　　수업에서

　Q. Why does the professor say this: I'm sorry.

　(A) To find out what the students know about Napoleon
　(B) To express regret about the assignments

P: 나폴레옹의 세력을 없애기 위해 많은 동맹들이 창설되었습니다. 전 모든 동맹들에 대해서 논의하고 싶어요, 그래서 그것들에 관한 몇몇 읽을거리들을 내 줄 거에요. 미안해요, 하지만 우린 수업에서 모든 것을 다룰 시간이 없어요.

Q. 교수는 왜 이렇게 말하는가: 미안해요.

(A) 학생들이 나폴레옹에 대해 무엇을 알고 있는지 알아내기 위해서
(B) 과제에 관한 유감을 표현하기 위해서

🦉 다시 들려주는 말 이후에 교수는 수업에서 모든 것을 다룰 시간이 없다(we don't have the time to cover everything in class)고 말합니다. 이와 같은 문맥을 통해 교수는 숙제를 내줄 수 밖에 없는 것에 대해 유감스럽게 생각함을 나타내기 위해 미안하다(I'm sorry)고 말했음을 알 수 있습니다.

3. 화자의 의도와 태도 파악하기

3. 화자의 의도와 태도 파악하기 Function & Attitude 유형

05

S: ① This is a list of references / I'll be using / for my report / on global warming. Are they OK?
P: The books on your list / ② are all a bit old. Uh... / isn't there anything else / you could find? I don't think / ③ your report would be up-to-date.

Q. What is the professor's attitude toward the student's concern?
(A) He is unconcerned.
(B) He is proud.
(C) He is worried.

S: 이것이 제가 지구 온난화에 대한 보고서를 쓰기 위해 사용할 참고자료 목록이에요. 괜찮나요?
P: 네 목록에 있는 이 책들은 다 좀 오래된 것들이구나. 음… 네가 찾을 수 있을 만한 다른 것들은 없을까? 내 생각엔 너의 보고서가 최신 경향을 반영하지 못할 것 같구나.

Q. 학생의 걱정에 대한 교수의 태도는 어떠한가?
(A) 무관심하다.
(B) 자랑스럽다.
(C) 우려를 표한다.

🦉 학생이 자신이 참고하려는 자료들이 괜찮은가요(Are they OK)라고 묻자 교수는 그것들이 옛날 자료라서 최신 경향을 반영하지 못할 것 같구나(I don't think your report would be up-to-date)라고 말합니다. 이와 같은 말을 통해 교수는 학생의 걱정에 대해 우려를 표하고 있음을 알 수 있습니다.

06

S: Attending the seminar ① is required?
P: No, / it's not a requirement, / but I think / ② you'll learn a lot from it. The speakers ③ will be discussing the newest ideas / in graphics technology.

Q. What is the professor's attitude toward the seminar?
(A) She is worried it may be hard to understand.
(B) She thinks it will be beneficial.
(C) She is not sure it will appeal to the student.

S: 세미나에 꼭 참석해야 되나요?
P: 아니, 필수는 아니란다. 하지만 나는 네가 세미나로부터 많은 것을 배울 수 있을 거라고 생각해. 연설자들은 그래픽 기술에 관한 최신 아이디어에 관해 논의할 거야.

Q. 세미나에 대한 교수의 태도는 어떠한가?
(A) 교수는 세미나가 이해하기 힘들지도 모른다고 걱정한다.
(B) 교수는 세미나가 유익할 것이라고 생각한다.
(C) 교수는 세미나가 학생들에게 호소력이 있을지 확신하지 못한다.

🦉 교수는 학생에게 그것으로부터 많은 것을 배울 수 있을 거라고 생각한다(I think you'll learn a lot from it)고 말합니다. 이와 같은 말을 통해 교수는 세미나가 유익할 것이라고 생각하고 있음을 알 수 있습니다.

정답·해석·해설

07
P: The Clovis people lived / in North America and parts of South
　　Clovis 사람들은 살았습니다　　　　　　북미와 남미 쪽에서
America / ① before the Europeans arrived... So it's
　　　　　유럽인들이 도착하기 전에
interesting / ② that the Europeans claimed / to have
그러므로 흥미롭습니다　유럽인들이 주장하는 것은
discovered North America. Well, / ③ of course they didn't.
　　북미 대륙을 발견했다고　　음　　물론 그들이 그런 것은 아니죠

Q. What is the professor's view toward the Europeans' claim to have discovered North America?

(A) She dismisses the claim.
(B) She agrees with the claim.
(C) She is not sure about the claim.

P: Clovis 사람들은 유럽인들이 도착하기 전에 북미와 남미 쪽에서 살고 있었습니다… 그러므로 유럽인들이 북미 대륙을 발견했다고 주장하는 것은 흥미롭습니다. 음, 물론 그들이 발견한 것은 아니죠.

Q. 유럽인들이 북미 대륙 발견했다는 주장에 대한 교수의 관점은 어떠한가?

(A) 그녀는 주장을 인정하지 않는다.
(B) 그녀는 주장에 동의한다.
(C) 그녀는 주장에 대해 확신하지 못한다.

🦉 교수가 유럽인들이 북미 대륙을 발견했다는 주장은 흥미롭다고 말한 후, 물론 그들이 발견한 것은 아니죠(of course they didn't)라고 말합니다. 이와 같은 말을 통해 교수는 그 주장을 인정하지 않고 있음을 알 수 있습니다.

08
P: So... / Jackson Pollock is well known / for his abstract
　자　　Jackson Pollock은 잘 알려졌죠　　그의 추상적인 예술 작품으로
artwork... / but ① not everybody appreciated his talent.
　　　　　　하지만 모든 사람이 그의 재능을 인정했던 것은 아니에요
Some say / ② any child could do / what Pollock did. Well, /
몇몇 사람들은 말해요　어떤 아이라도 할 수 있다고　Pollock이 했던 것을　음
③ I rather like his work... / especially *Lavender Mist*.
　전 오히려 그의 작품들을 좋아해요　　특히 Lavender Mist를요

Q. What is the professor's attitude toward Jackson Pollock as an artist?

(A) He thinks Pollock's works are childish.
(B) He thinks abstract art is hard to understand.
(C) He respects Pollock's work.

P: 자… Jackson Pollock은 그의 추상적인 예술 작품으로 잘 알려졌죠… 하지만 모든 사람들이 그의 재능을 인정했던 것은 아니에요. 몇몇 사람들은 어떤 아이라도 Pollock이 했던 것을 할 수 있다고도 말해요. 음, 전 오히려 그의 작품들을 좋아해요… 특히 Lavender Mist를요.

Q. 예술가로서 Jackson Pollock을 향한 교수의 태도는 어떠한가?

(A) 교수는 Pollock의 작품들이 유치하다고 생각한다.
(B) 교수는 추상적인 예술이 이해하기 어렵다고 생각한다.
(C) 교수는 Pollock의 작품들을 좋게 평가한다.

🦉 교수는 Pollock의 작품들을 오히려 좋아한다(I rather like his work)고 말합니다. 이와 같은 말을 통해 교수 자신은 Pollock의 작품들을 좋게 평가하고 있음을 알 수 있습니다.

유형 1
유형 2
유형 3
유형 4
유형 5

3. 화자의 의도와 태도 파악하기　**161**

3. 화자의 의도와 태도 파악하기 Function & Attitude 유형

유형 정복   p. 68

01 (A) 02 (A) 03 (C) 04 (A) 05 (B) 06 (C) 07 (B) 08 (D) 09 (A) 10 (A)

[01]

S: I'm sorry / I'm late for our appointment, / Professor Rand.
   죄송해요   제가 우리의 약속에 늦었어요   Rand 교수님
   I hope / we still have time / ① to discuss my report.
   전 바래요   우리가 아직 시간이 있기를   제 보고서에 대해 논의할
P: I was wondering / what happened to you. You're usually never late.
   나는 궁금해하고 있었단다   네게 무슨 일이 생겼는지   너는 평소에 절대 늦지 않잖니
S: ᵃIt's just / ② that I had a problem / with my printer. I'm really sorry.
   그건 단지 ~에요   제가 문제가 있었다는 것   제 프린터에   전 정말 죄송해요
P: That's all right. I know / ③ how often printers cause trouble.
   그건 괜찮다   난 알고 있단다   프린터가 얼마나 자주 문제를 일으키는지
   So... / let me look at your report...
   자   네 보고서를 보자꾸나
S: Here it is. I hope / it's OK.
   여기 있습니다   저는 바래요   그것이 괜찮기를
P: Hmm... / OK. You write really well, / but let me just point out
   음   그래   넌 정말 잘 쓰는구나   하지만 그냥 무언가 지적하자꾸나
   something... Here, / you mention something / that isn't really
                 여기   너는 무엇을 언급하고 있어
   related to your topic.
   너의 주제와 그리 관련되지 않은 것을
S: Oh... / I didn't notice that...
   아   전 그건 알아채지 못했어요
P: Um... / next time, / I suggest / ④ that you write an outline first.
   음   다음 번에는   나는 제안해   네가 개요를 먼저 작성할 것을
   You need to check your draft / against the outline. This way, /
   너는 네 초안을 체크할 필요가 있어   그 개요에 대조해서   이 방법으로
   you can make sure / that everything you've included in your
   넌 확실히 할 수 있을거야   네가 너의 보고서에 포함시킨 모든 내용이
   report / sticks to the outline.
           그 개요를 충실히 따르고 있는지

학생의 용건
보고서에 관해 논의

학생이 늦은 이유

보고서의 문제점

교수의 제안
개요 작성

S: 약속에 늦어서 죄송해요, Rand 교수님. 제 보고서에 대해 논의할 시간이 아직 있었으면 해요.
P: 네게 무슨 일이 생겼는지 궁금하고 있었단다. 너는 평소에 절대 늦지 않잖니.
S: ᵃ제 프린터에 문제가 좀 생겼어요. 정말 죄송해요.
P: 괜찮다. 프린터가 얼마나 자주 문제를 일으키는지 알고 있단다. 자… 네 보고서를 보자꾸나…
S: 여기 있습니다. 괜찮았으면 좋겠네요.
P: 음… 그래. 정말 잘 쓰는구나, 하지만 그냥 무언가 지적하자면… 여기 말이다, 너는 주제와 그리 관련되지 않은 것을 언급하고 있어.
S: 아… 그건 알아채지 못했어요…
P: 음… 다음 번에는, 개요를 먼저 작성할 것을 제안하고 싶구나. 너는 네 초안을 그 개요에 대조해서 체크할 필요가 있어. 이 방법으로, 네가 보고서에 포함시킨 모든 내용이 충실히 개요를 따르도록 확실하게 할 수 있을거야.

정답·해석·해설

01 Listen again to a part of the conversation. Then answer the question.

S: It's just that I had a problem with my printer. I'm really sorry.
P: That's all right. I know how often printers cause trouble. So… let me look at your report…

Why does the professor say this:
P: I know how often printers cause trouble.

(A) To indicate that she understands the student's problem
(B) To explain that she has a problem dealing with printers
(C) To express her dissatisfaction with printers
(D) To show that she is knowledgeable about printers

대화의 일부를 다시 듣고 질문에 답하시오.
S: 제 프린터에 문제가 좀 생겼어요. 정말 죄송해요.
P: 괜찮다. 프린터가 얼마나 자주 문제를 일으키는지 알고 있단다. 자… 네 보고서를 보자꾸나…

교수는 왜 이렇게 말하는가:
P: 프린터가 얼마나 자주 문제를 일으키는지 알고 있단다.

(A) 그녀가 학생의 문제를 이해했다는 것을 보여주기 위해
(B) 그녀가 프린터를 다루는데 문제가 있다는 것을 설명하기 위해
(C) 프린터에 대한 그녀의 불만족을 표현하기 위해
(D) 그녀가 프린터에 대해서 잘 안다는 것을 보여주기 위해

다시 들려주는 말 이전에 학생은 프린터 문제로 늦게 도착해서 죄송하다(I had a problem with my printer. I'm really sorry)고 말합니다. 이에 대해 교수는 프린터가 얼마나 자주 문제를 일으키는지 알고 있다(I know how often printers cause trouble)고 말합니다. 이와 같은 문맥을 통해 교수는 학생의 문제를 이해하고 있다는 것을 보여주고 있음을 알 수 있습니다.

3. 화자의 의도와 태도 파악하기 Function & Attitude 유형

[02]

You all know / that a large oil spill can seriously destroy an ecosystem. However, / ① a new method has been created / to clean up these oil spills. Now... / ᴼ²this method is known as bioremediation, / and ② it really shows a lot of potential. Basically, / bacteria are applied / to the polluted area, / and these bacteria actually break down the oil. Bioremediation is ③ cheaper / than traditional methods, / and doesn't have any side effects. The main disadvantage is the large amount of time / required to clean the area. However, / recent research has shown / that certain substances can be added / to, uh, increase the growth of bacteria. ④ This makes the process much faster. ᴼ²It's likely / that ⑤ bioremediation will be a common way / to treat oil spills / in the future.

여러분 모두 많은 양의 기름 유출은 생태계를 심각하게 파괴할 수 있다는 것을 알고 있을 것입니다. 그런데, 이런 기름 유출을 정화하기 위해 새로운 방법이 생겼습니다.

자… ᴼ²이 방법은 생물적 정화라고 알려져 있으며, 정말 굉장한 잠재력을 보여줍니다. 기본적으로, 박테리아가 오염된 지역에 살포되고, 이 박테리아들이 실제로 기름을 분해합니다.

생물적 정화는 전통적인 방법들보다 더 싸고, 어떠한 부작용도 가지고 있지 않습니다. 주된 단점은 그 지역을 깨끗하게 하기 위해 긴 시간이 필요하다는 것입니다. 하지만, 최근의 연구는, 어, 박테리아의 증식을 증가시키기 위해 특정한 물질이 첨가될 수 있다는 것을 보여 주었죠. 이것은 분해 과정을 더 빠르게 만듭니다. ᴼ²미래에는 생물적 정화가 기름 유출을 처리하기 위한 일반적인 방법이 될 가능성이 있습니다.

02 What is the professor's view regarding bioremediation?

(A) It is very promising.
(B) It is too expensive.
(C) It requires more research.
(D) It needs to be improved.

생물적 정화에 대한 교수의 관점은 어떠한가?

(A) 그것은 아주 유망하다.
(B) 그것은 너무 비싸다.
(C) 그것은 연구가 더 필요하다.
(D) 그것은 개선될 필요가 있다.

교수는 생물적 정화는 정말 굉장한 잠재력을 보여주며(it really shows a lot of potential) 미래에 기름 유출을 처리하기 위한 일반적인 방법이 될 가능성이 있다(It's likely that bioremediation will be a common way to treat oil spills in the future)고 이야기 합니다. 이와 같은 말을 통해 교수는 생물적 정화가 유망하다는 관점을 드러내고 있음을 알 수 있습니다.

3. 화자의 의도와 태도 파악하기 Function & Attitude 유형

[03~04]

M: Hi... Um, / my parents are visiting / to watch my jazz performance... / and they're thinking of staying over. ⁰³So I was wondering / if, um, they could stay at the university's hotel.

W: Yeah, / probably... / unless there's a conference or symposium happening. We get a lot of visitors / when there's something going on. So, / uh, what days are they planning to stay here?

M: This Friday and Saturday.

W: OK... / just a second... Saturday is the last day of the biotechnology conference, / so all we have / is a single room.

M: Oh, / a single room's fine. So, / what time is checkout?

W: Well, / checkout time is 10:00a.m.

M: ⁰⁴Um... / thanks so much for the help, / but uh, sorry... Would it be too much / if I ask / where I can get tourist information?

W: No worries, / we give out that sort of info / all the time. There are some great spots / near the university... There's Mirren Waterfall, / by Langdon Lake... I'll bet / your parents would love the place! They can even swim there!

M: OK, / great. I'll tell them / to pack their swimsuits.

학생의 용건
부모님의 숙소에
관한 물음

숙소예약 관련
질문과 대답

관광정보 관련
질문과 대답

M: 안녕하세요… 음, 저희 부모님께서 제 재즈 공연을 보시려고 방문하시는데요… 부모님께서 주무시고 가시려고 생각하고 계세요. ⁰³그래서 전 혹시, 음, 부모님이 학교 호텔에서 머무실 수 있을지 궁금해서요.

W: 네, 아마도… 만약 회의나 심포지움이 있지 않다면요. 무슨 일이 진행되고 있을 때는 방문객들이 많거든요. 그럼, 어, 부모님께서 무슨 요일에 여기 머무려고 계획하고 계시죠?

M: 이번 주 금요일과 토요일이요.

W: 음… 잠시만요… 토요일은 생명공학 회의의 마지막 날이네요. 그렇다면 우리가 가진 것은 싱글 베드룸뿐이에요.

M: 오, 싱글 베드룸도 괜찮아요. 그럼, 퇴실은 몇 시에 하죠?

W: 음, 퇴실 시간은 오전 10시에요.

M: ⁰⁴음… 도움을 주셔서 감사해요, 그런데 어, 죄송하지만… 제가 어디서 관광정보를 얻을 수 있는지 묻는다면 너무 귀찮으시겠어요?

W: 걱정 말아요, 우리 언제나 그런 정보들을 제공해요. 학교 근처에 몇몇 좋은 장소가 있어요… Langdon 호수 근처에 Mirren 폭포가 있어요… 학생의 부모님께서 좋아하실 거라고 확신해요! 그분들은 거기서 수영도 하실 수 있어요!

M: 네, 잘됐네요. 부모님께 수영복을 챙기라고 말씀 드려야겠어요.

03 Why does the man go to see the woman?

(A) To purchase tickets for a jazz performance
(B) To inquire about a biotechnology conference
(C) To reserve a room for his parents
(D) To check out of the university hotel

남자는 왜 여자를 찾아 왔는가?

(A) 재즈 공연을 위한 티켓을 구매하려고
(B) 생명공학 회의에 관해 문의하려고
(C) 그의 부모님을 위한 숙소를 예약하려고
(D) 학교 호텔에서 퇴실하려고

> 중심 내용임을 알려주는 표시어 "I was wondering if ~" 이하에서 남자는 부모님이 학교 호텔에서 머무실 수 있을지(they could stay at the university's hotel)에 관해 알고 싶어 찾아왔음을 알 수 있습니다.

04 Listen again to a part of the conversation. Then answer the question.

W: Well, checkout time is 10:00a.m.
M: Um...thanks so much for the help, but uh, sorry... Would it be too much if I ask where I can get tourist information?

Why does the man say this:
M: Um...thanks so much for the help, but uh, sorry...

(A) To indicate that he will make another request
(B) To express confusion about the checkout time
(C) To explain that he forgot what the employee said
(D) To correct a mistake he made about his parents' visit

대화의 일부를 다시 듣고 질문에 답하시오.

W: 음, 퇴실 시간은 오전 10시예요.
M: 음… 도움을 주셔서 감사해요, 그런데 어, 죄송하지만… 제가 어디서 관광정보를 얻을 수 있는지 묻는다면 너무 귀찮으시겠어요?

남자는 왜 이렇게 말하는가:
M: 음… 도움을 주셔서 감사해요, 그런데 어, 죄송하지만…

(A) 그가 다른 요청을 할 것임을 나타내기 위해서
(B) 퇴실 시간에 관해 혼동했음을 표현하기 위해서
(C) 직원이 말한 것을 그가 잊어버렸음을 설명하기 위해서
(D) 그의 부모님의 방문에 관한 자신의 실수를 바로잡기 위해서

> 다시 들려주는 말에서 남자는 도움을 주셔서 감사한데 죄송하지만(thanks so much for the help, but uh, sorry)이라고 말합니다. 이어서 남자는 여자에게 어디서 관광 정보를 얻을 수 있는지 묻는다면 너무 귀찮겠냐(Would it be too much if I ask when I can get tourist information)고 묻습니다. 이와 같은 문맥을 통해 남자는 다른 요청을 할 것을 나타내려 했음을 알 수 있습니다.

3. 화자의 의도와 태도 파악하기 Function & Attitude 유형

[05~06]

S: Hi... I have an appointment for three thirty... I'm a little late.
P: No problem... I was just doing some paperwork. So... / what can I do for you today?
S: Well... I am planning / to study abroad next semester, / and ⁰⁵I want some advice / on where to go.
P: I see... Do you have any preferences?
S: I was thinking about Scotland. I've always been interested in Scottish history and culture. Also, / my grandmother is from Scotland, / so... / I think it would be interesting and fun.
P: I understand... / but the, uh, focus of studying abroad / should be studying. Now... / ⁰⁶one of the main reasons / to study in another country / is to learn a second language. You won't be able to do that in Scotland... They speak English there, / you know.
S: Hmm... Maybe you're right. I studied both German and French in high school... Maybe I should think about one of those countries...
P: ⁰⁶Have you considered Switzerland? German and French are both official languages there. You could study both.
S: That's a great idea!

S: 안녕하세요... 3시 30분에 약속이 있는데요... 제가 좀 늦었어요.
P: 괜찮아요... 몇몇 문서 작업을 하고 있었으니까요. 그럼... 제가 오늘 뭘 도와주면 되죠?
S: 음... 전 다음 학기에 해외에서 공부하려고 계획하고 있어요, 그래서 ⁰⁵어디로 가야 할지 조언을 좀 얻고 싶어요.
P: 알겠어요... 선호하는 곳이 있나요?
S: 전 스코틀랜드를 생각하고 있었어요. 전 항상 스코틀랜드의 역사와 문화에 관심이 있었거든요. 또, 제 할머니가 스코틀랜드 출신이셔서, 그곳이 흥미롭고 재미있을 것 같다는 생각이 들어요.
P: 이해해요... 그런데, 어, 해외에서 공부하는 것의 초점은 공부 자체에 있어야 해요. 자... ⁰⁶다른 나라에서 공부하는 주된 이유 중 하나는 제2외국어를 배우는 것이잖아요. 스코틀랜드에서 학생은 그렇게 할 수 없을 거예요... 알다시피, 그들은 영어를 쓰잖아요.
S: 음... 아마 교수님 말씀이 맞을 거예요. 전 고등학교에서 독일어와 불어 둘 다 공부했어요... 아마도 그 나라 중 하나를 생각해봐야 할 것 같아요...
P: ⁰⁶스위스를 고려해본 적 있나요? 독일어와 불어 모두 그곳의 공식언어예요. 학생은 둘 다 공부할 수 있어요.
S: 좋은 생각이에요!

정답·해석·해설

05 What is the conversation mainly about?

(A) The student's plans for the summer
(B) The country the student should study in
(C) The languages the student can speak
(D) A visit the student made to Scotland

대화는 주로 무엇에 관한 것인가?

(A) 여름 동안 학생의 계획
(B) 학생이 공부하러 가야 하는 나라
(C) 학생이 말할 줄 아는 언어
(D) 학생의 스코틀랜드 방문

🦉 중심 내용임을 알려주는 표시어 "I want some advice ~" 이하에서 대화는 학생이 유학을 어디로 가야 할지(where to go)에 관한 것임을 알 수 있습니다.

06 What is the professor's attitude toward the student's idea to study in Scotland?

(A) He thinks it is an excellent idea.
(B) He is worried about whether it is possible.
(C) He believes there are better options.
(D) He is concerned about language difficulties.

스코틀랜드에서 공부하려는 학생의 생각에 대한 교수의 태도는 어떠한가?

(A) 그는 그것이 훌륭한 생각이라고 여긴다.
(B) 그는 그것이 가능한지에 관해 걱정한다.
(C) 그는 더 나은 선택 사항들이 있다고 믿는다.
(D) 그는 언어적 어려움에 대해 염려한다.

🦉 스코틀랜드로 공부하러 가고 싶은 학생에게 교수는 유학의 주된 목적 중 하나는 제2외국어를 배우는 것이며, 스코틀랜드에서는 그렇게 할 수 없을 것(one of the main reasons to study in another country is to learn a second language. You won't be able to do that in Scotland)이라고 말합니다. 그리고 스위스를 고려해본 적 있냐(Have you considered Switzerland)고 묻습니다. 이와 같은 말을 통해 교수는 스코틀랜드보다 더 좋은 선택 사항이 있다고 믿고 있음을 알 수 있습니다.

유형 1
유형 2
유형 3
유형 4
유형 5

3. 화자의 의도와 태도 파악하기

3. 화자의 의도와 태도 파악하기 Function & Attitude 유형

[07~08]

So, / to continue our discussion / on approaches to managing employees, / we will be discussing one of my favorite approaches. It's called MBWA / or Management by Wandering Around. That probably sounds a bit strange to you / – wandering around. I mean, / people associate wandering around with doing nothing. But people using MBWA / are actually doing a lot... ⁰⁷So... / what is this MBWA, / and ⁰⁸why does it work so well?

Well, / MBWA is based on the idea / that a manager cannot be effective / if he spends most of his time in his office. He will not know / what is really happening in the company... / and he won't have any idea / what the real problems are / if he doesn't wander around. Basically, / that means / going to every department, / talking to employees... / and by talking, / I don't mean, / "Hello, how's it going, talk to you later." It means really finding out / what role the person plays in the department, / asking him how he's really doing, / learning about the problems / he's experiencing, / and praising him for his work.

⁰⁸And I'm going to share with you / why this approach has been so successful / wherever it's been applied.

정답·해석·해설

07 What is the main purpose of the lecture?

(A) To compare MBWA with other employee-management approaches
(B) To discuss the techniques of MBWA and why it is effective
(C) To illustrate the importance of using appropriate management methods
(D) To explain why managers do not usually talk to employees

강의의 주된 목적은 무엇인가?

(A) MBWA와 다른 직원 관리 접근법을 비교하기 위해서
(B) MBWA의 기법과 이것이 왜 효과적인지 논의하기 위해서
(C) 알맞은 관리 방법을 적용하는 것의 중요성을 설명하기 위해서
(D) 왜 관리자가 평상시 직원들에게 이야기하지 않는지를 설명하기 위해서

🦉 중심 내용임을 알려주는 표시어 "So...what is this ~" 이하에서 강의는 MBWA가 무엇이고, 왜 이것이 잘 기능하는지 (what is this MBWA, and why does it work so well)에 관한 것임을 알 수 있습니다.

08 What is the professor's opinion of MBWA?

(A) It is difficult to apply.
(B) It requires too much work.
(C) It encourages managers to be lazy.
(D) It is an effective method.

MBWA에 대한 교수의 의견은 어떠한가?

(A) 적용하기 어렵다.
(B) 너무 많은 작업이 필요하다.
(C) 관리자들이 게을러지도록 부추긴다.
(D) 효과적인 방법이다.

🦉 교수는 첫 번째 문단에서 MBWA가 잘 기능하는 이유는 무엇일까요(why does it work so well)라고 묻고, 두 번째 문단에서는 왜 이 접근법이 어떠한 상황에 적용되든 매우 성공적이었는지에 대한 이야기를 나누려고 한다(I'm going to share with you why this approach has been so successful wherever it's been applied)고 말합니다. 이와 같은 말을 통해 교수는 MBWA가 효과적인 접근법이라고 여기고 있음을 알 수 있습니다.

유형 1
유형 2
유형 3
유형 4
유형 5

3. 화자의 의도와 태도 파악하기 Function & Attitude 유형

[09~10]

P: OK... / we've been talking / about early modern art in Europe... One thing you have probably noticed is / that all of the artists we have discussed / were, uh, men. Don't get me wrong... / there were many female artists, / but they didn't do it professionally. It was very hard for women / to make a living as artists. However, / one woman in England / began to change this. ⁰⁹Today, / I want to talk about Mary Beale, / who was the first professional female artist in England.

Now... / Mary first learned / how to paint / from her father. Her husband also provided her with instruction. However, / Mary soon became a much better painter / than either of them. Mary and her husband made a really good team. She was a very skilled painter. He was very good / at making new paints and painting equipment. In addition, / he managed her art gallery / and the money she earned. ¹⁰She actually made a lot of money!

S: Really? I didn't think / female artists could earn much money then.

P: Well... / in one year, / she sold as many as 83 paintings!

P: 자... 우린 유럽의 초기 현대예술에 대해서 이야기 했었습니다… 여러분이 아마도 알아차렸을 만한 한가지는 우리가 논의했던 모든 예술가들이, 어, 남자였다는 것이에요. 오해하지 마세요… 많은 여류 예술가들이 있었지만, 그들은 예술을 전문적으로 하지는 않았어요. 여성에겐 예술가로서 생계를 꾸리기가 매우 어려웠답니다. 그러나, 영국의 한 여성이 이를 바꾸기 시작했죠. ⁰⁹오늘, 전 영국 최초의 전문 여류 예술가였던 Mary Beale에 대해서 이야기 하고 싶어요.

자... Mary는 그녀의 아버지로부터 그림 그리는 법을 처음 배웠어요. 그녀의 남편 또한 그녀를 지도해주었습니다. 그러나, Mary는 곧 그들 둘 보다 더 나은 화가가 되었어요. Mary와 그녀의 남편은 정말 좋은 팀을 이뤘습니다. 그녀는 아주 솜씨가 좋은 화가였죠. 남편은 새로운 물감과 미술 도구를 만들어내는 것을 아주 잘했습니다.˙ 게다가, 그는 그녀의 갤러리와 그녀가 벌어들이는 돈을 관리했어요. ¹⁰그녀는 사실 많은 돈을 벌었거든요!

S: 정말요? 전 그 당시에 여류 예술가가 많은 돈을 벌 수 있었다고 생각하지 못했어요.

P: 음… 어떤 해에, 그녀는 무려 83점의 그림을 팔았어요!

정답 · 해석 · 해설

09 What is the main topic of the lecture?

(A) The first professional female artist in England
(B) The artistic techniques of early modern art in Europe
(C) The differences between male and female artists
(D) The way female artists manage their money

강의의 주제는 무엇인가?

(A) 영국 최초의 전문 여류 예술가
(B) 유럽의 초기 현대 예술의 예술적 기법
(C) 남성과 여성 예술가의 차이점
(D) 여성 예술가가 그들의 돈을 관리하는 법

중심 내용임을 알려주는 표시어 "Today, I want to talk about ~" 이하에서 강의는 영국 최초의 전문 여류 예술가였던 Mary Beale(Mary Beale, who was the first professional female artist in England)에 관한 것임을 알 수 있습니다.

10 Listen again to a part of the lecture. Then answer the question.

P: She actually made a lot of money!
S: Really? I didn't think female artists could earn much money then.
P: Well...in one year, she sold as many as 83 paintings!

Why does the professor say this:
P: Well...in one year, she sold as many as 83 paintings!

(A) To confirm an earlier point
(B) To introduce new information
(C) To support a controversial theory
(D) To indicate a possible solution

강의의 일부를 다시 듣고 질문에 답하시오.

P: 그녀는 사실 많은 돈을 벌었거든요!
S: 정말요? 전 그 당시에 여류 예술가가 많은 돈을 벌 수 있었다고 생각하지 못했어요.
P: 음… 어떤 해에, 그녀는 무려 83점의 그림을 팔았어요!

교수는 왜 이렇게 말하는가:
P: 음… 어떤 해에, 그녀는 무려 83점의 그림을 팔았어요!

(A) 이전의 논지를 확증하기 위해서
(B) 새로운 정보를 소개하기 위해서
(C) 논쟁의 여지가 있는 이론을 지지하기 위해서
(D) 가능한 해결책을 암시하기 위해서

다시 들려주는 말 이전에 교수는 Mary Beale이 사실 많은 돈을 벌었다(She actually made a lot of money)고 말합니다. 이어서 교수는 어떤 해에 그녀가 무려 83점의 그림을 팔았다(in one year, she sold as many as 83 paintings)고 말합니다. 이와 같은 문맥을 통해 교수는 자신이 먼저 언급한 내용의 논지를 확증하려 했음을 알 수 있습니다.

3. 화자의 의도와 태도 파악하기 173

4. 정보의 관계 파악하기 Connecting Contents 유형

유형 연습

p. 80

01

	Yes	No
Surface water	√	
Water from plants	√	
Water in the air		√

02

Characteristic	Cave Type
Formed with the surrounding rock	(A) Primary cave
Created as the result of erosion	(B) Secondary cave

03

	Suggested	Not Suggested
Behave confidently	√	
Dress formally	√	
Discuss salary		√

04 (B) – (A) – (C)   05 (B) – (C) – (A)   06 (A) – (C) – (B)   07 (C) – (A) – (B)

---

01 P: In order to survive in the desert, / animals must get enough
사막에서 살아남기 위해서   동물들은 충분한 물을 구해야 합니다
water. One way to do this is / ① to drink surface water... /
이를 위한 한 방법은 ~입니다   지표면의 물을 마시는 것
usually from small streams. But there aren't many of these.
주로 작은 개울에서 나오는   하지만 이것들은 많지 않습니다
So, / ② another method is used. Some species ③ eat plants /
그래서   다른 방법이 사용됩니다   어떤 종들은 식물을 섭취합니다
that contain water.
수분을 함유하고 있는

	Yes	No
Surface water	√	
Water from plants	√	
Water in the air		√

P: 사막에서 살아남기 위해서, 동물들은 충분한 물을 구해야 합니다. 이를 위한 한 방법은... 주로 작은 개울에서 흘러 나오는 지표면의 물을 마시는 것입니다. 하지만 이것들은 많지 않죠. 그래서, 다른 방법이 사용됩니다. 어떤 종들은 수분을 함유하고 있는 식물을 섭취합니다.

	예	아니오
지표면의 물	√	
식물에서 섭취 하는 물	√	
공기 중의 물		√

🦉 교수는 동물이 사막에서 물을 얻는 방법에 대해서 설명하고 있습니다. 그 방법은 나열을 나타내는 표시어들을 통해 알 수 있습니다. 한 가지 방법(One way)은 지표면의 물을 마시는 것(to drink surface water)이며 다른 방법(another method)은 수분을 함유하고 있는 식물을 섭취하는 것(eat plants that contain water)입니다.

정답·해석·해설

02

P: OK... / ① there are two types of caves. First, / primary caves are created / at ② the same time as the surrounding rock. And secondary caves are formed / ③ after the surrounding rock has been created. This type of cave is ④ produced by erosion.

Characteristic	Cave Type
Formed with the surrounding rock	(A) Primary cave
Created as the result of erosion	(B) Secondary cave

P: 자… 두 종류의 동굴이 있습니다. 첫 번째로, 1차 동굴은 주위의 암석과 동시에 생성됩니다. 그리고 2차 동굴은 주위의 암석이 생성된 후에 형성됩니다. 이런 종류의 동굴은 침식에 의해 만들어집니다.

특성	동굴 종류
주위 암석과 함께 형성됨	(A) 1차 동굴
침식의 결과로 생성됨	(B) 2차 동굴

🦉 교수는 두 가지 종류의 동굴(two types of caves)에 대해서 설명합니다. 그 두 가지 종류는 분류를 나타내는 표시어들을 통해 알 수 있습니다. 첫 번째로(First), 1차 동굴은 주위 암석과 동시에 생성(primary caves are created at the same time as the surrounding rock)됩니다. 그리고(And), 2차 동굴은 침식에 의해 만들어집니다(This type of cave is produced by erosion).

03

S: Hi, / Professor Banks. ① Could you give me some advice / for my job interview tomorrow?

P: Well, / first, / you should wear a suit and tie. ② Also try to act / like you feel confident. Oh, / and ③ don't ask about the salary. It looks bad.

S: Great. Thanks.

	Suggested	Not Suggested
Behave confidently	✓	
Dress formally	✓	
Discuss salary		✓

S: 안녕하세요, Banks 교수님. 내일 있을 제 취업 면접을 위해 조언을 좀 해주실 수 있으신가요?
P: 음, 첫째로, 정장을 입고 넥타이를 매는 것이 좋을 거예요. 또 자신감 있는 것처럼 행동하도록 노력하세요. 오, 그리고 급여에 대해서는 묻지 말아요. 그건 나쁘게 보이거든요.
S: 알겠어요. 감사합니다.

	제안됨	제안되지 않음
자신감 있게 행동해라	✓	
격식 있게 옷을 입어라	✓	
급여에 대해서 논의해라		✓

🦉 교수는 학생에게 면접에 대한 조언을 해줍니다. 그 조언들은 나열을 나타내는 표시어들을 통해 알 수 있습니다. 교수는 첫째로(first), 정장을 입고 넥타이를 맬 것(you should wear a suit and tie), 또(Also), 자신감 있는 것처럼 행동하도록 노력할 것(try to act like you feel confident), 그리고(and), 급여에 대해서는 묻지 않을 것(don't ask about the salary)을 조언해줍니다.

4. 정보의 관계 파악하기

4. 정보의 관계 파악하기 Connecting Contents 유형

04 P: Now, / the process / of making perfume / is fairly standard.
자   과정은   향수를 만드는   꽤 표준적입니다
In the first stage, / ① the various fragrances are combined.
첫 단계에   다양한 향기가 조합됩니다
Next, / ② the fragrances are mixed with alcohol. Finally, /
다음   그 향기들은 알코올과 섞입니다   마지막으로
③ water is added / to the mixture / to reduce the strength of
물이 추가됩니다   그 혼합물에   향의 강도를 낮추기 위해서
the smell.

Step 1	(B) Fragrances are combined together.
Step 2	(A) Alcohol is mixed with the fragrances.
Step 3	(C) Water is added.

P: 자, 향수를 만드는 과정은 꽤 표준적입니다. 첫 단계에, 다양한 향기가 조합됩니다. 다음, 그 향기들은 알코올과 섞이게 되죠. 마지막으로, 향의 강도를 낮추기 위해서 물이 그 혼합물에 추가됩니다.

단계 1	(B) 향기가 함께 섞인다.
단계 2	(A) 알코올이 향기와 조합된다.
단계 3	(C) 물이 추가된다.

🦉 교수는 향수 제작 과정(the process of making perfume)에 대해서 설명합니다. 그 각각의 과정은 순서를 나타내는 표시어들을 통해 알 수 있습니다. 첫 단계에(In the first stage), 다양한 향기가 조합되고(the various fragrances are combined), 다음(Next), 그 향기들을 알코올과 섞고(the fragrances are mixed with alcohol), 마지막으로(Finally), 물을 추가합니다(water is added).

05 P: OK... / for your chemistry project, / you should ① follow these
그래요   학생의 화학 프로젝트를 위해   학생은 다음 절차를 따라야 합니다
steps. First, / ② gather the background information on your
첫째   학생의 주제에 관한 배경지식을 수집합니다
topic. ③ Second, / create the theory / you want to test. And
둘째   가설을 만듭니다   학생이 테스트하고 싶은
third, / ④ design an experiment / to prove your theory.
그리고 셋째   실험을 설계합니다   학생의 가설을 입증하기 위한
S: I see...
네 알겠습니다

Step 1	(B) Research the topic
Step 2	(C) Make a theory
Step 3	(A) Plan an experiment

P: 그래요… 학생의 화학 프로젝트를 위해, 다음 절차를 따라야 합니다. 첫째, 주제에 관한 배경지식을 수집합니다. 둘째, 학생이 테스트하고 싶은 가설을 만듭니다. 그리고 셋째, 학생의 가설을 입증하기 위한 실험을 설계합니다.
S: 네 알겠습니다…

단계 1	(B) 주제 조사하기
단계 2	(C) 가설 수립하기
단계 3	(A) 실험 계획하기

🦉 교수는 화학 프로젝트의 절차(steps)를 조언해주고 있습니다. 그 각각의 절차는 순서를 나타내는 표시어들을 통해 알 수 있습니다. 첫째(First), 주제에 관한 배경지식을 수집하고(gather the background information on your topic), 둘째(Second), 테스트하고 싶은 가설을 만들고(create the theory you want to test), 셋째(third), 그 가설을 입증하기 위한 실험을 설계하라(design an experiment to prove your theory)고 이야기 해줍니다.

정답 · 해석 · 해설

06 P: Now... / Alzheimer's disease is an illness / that usually affects older people. ① It has three main stages. First, / people find it difficult / ② to communicate with other people. Next, / they begin to ③ lose their short-term memory. Finally, / they become ④ very angry and nervous.

Step 1	(A) An individual has difficulty communicating.
Step 2	(C) An individual forgets recent events or actions.
Step 3	(B) An individual becomes hostile or uneasy.

P: 자… 알츠하이머병은 주로 나이든 사람들에게 영향을 끼치는 질병입니다. 그것에는 세 가지 주요 단계가 있습니다. 첫째, 사람들은 다른 사람들과의 의사소통에 어려움을 겪습니다. 다음, 그들은 단기 기억력을 잃기 시작합니다. 마지막으로, 그들은 매우 화가 나고 초조하게 됩니다.

단계 1	(A) 한 사람이 의사소통하는데 어려움을 겪는다.
단계 2	(C) 한 사람이 최근의 사건이나 행동을 잊어버린다.
단계 3	(B) 한 사람이 적대적이고 불안한 상태가 된다.

🦉 교수는 알츠하이머병의 세 가지 주요 단계(three main stages)에 대해 설명합니다. 그 각각의 단계는 순서를 나타내는 표시어들을 통해 알 수 있습니다. 첫째(First), 다른 사람들과의 의사소통에 어려움을 겪고(people find it difficult to communicate with other people), 다음(Next), 단기 기억력을 잃기 시작하며(they begin to lose their short-term memory), 마지막으로(Finally), 그들은 매우 화가 나고 초조해 집니다(they become very angry and nervous).

07 P: OK, / most tsunamis are created / ① by the same process. First, / an ② underwater volcano erupts. Then, / the ocean water ③ begins to move quickly. At last, / ④ the water becomes a large wave / as it approaches the coast. Once a tsunami hits the shore, / it can cause a lot of destruction.

Step 1	(C) A volcano erupts in the ocean.
Step 2	(A) Ocean water travels rapidly.
Step 3	(B) A big wave is created.

P: 자, 대부분의 해일은 같은 과정에 의해 생성됩니다. 첫째, 수중화산이 폭발합니다. 그리곤, 바닷물이 빠르게 움직이기 시작하죠. 마침내, 그 물은 해안에 접근할 때 큰 파도가 됩니다. 해일이 해안을 강타하면, 그것은 엄청난 파괴를 유발하죠.

단계 1	(C) 화산이 바다에서 폭발한다.
단계 2	(A) 바닷물이 빠르게 이동한다.
단계 3	(B) 커다란 파도가 생성된다.

🦉 교수는 해일이 발생하는 과정(process)을 설명합니다. 그 각각의 과정은 순서를 나타내는 표시어들을 통해 알 수 있습니다. 첫째(First), 수중화산이 폭발하고(an underwater volcano erupts), 그리고(Then), 바닷물이 빠르게 움직여서(the ocean water begins to move quickly), 마침내(At last), 큰 파도가 됩니다(the water becomes a large wave).

4. 정보의 관계 파악하기 Connecting Contents 유형

유형 정복

p. 86

01

	Yes	No
Roommate is disorganized.	√	
Roommate plays music loudly.	√	
Friends often visit roommate.	√	
Roommate opens student's mail.		√

02 (A) – (C) – (B)   03 (A)

04

	Strength	Weakness
The development of the characters	√	
The way the sentences were written		√
The organization of the story	√	

05 (B)   06 (B) – (C) – (A)   07 (C)   08 (B) – (A) – (C)   09 (C)

10

	Yes	No
Cheap labor from overseas colonies		√
Money from overseas sources	√	
Numerous coal deposits in the country	√	
Large numbers of unemployed workers	√	

[01]

M: Hi. I'm having a bit of a problem / at the dorm I stay in, / and I was wondering / ① if I could move to another room.
안녕하세요 전 문제거리를 좀 가지고 있어요 제가 살고 있는 기숙사에 그래서 전 궁금해 하고 있었어요 제가 다른 방으로 옮길 수 있을지

학생의 용건
기숙사 방을
옮기고자 함

W: Well, / what kind of problem are you having?
음 학생은 어떤 문제가 있나요

M: Well, / ⁰¹first, / ② my roommate plays music / all the time, / and ③ he plays it really loud, / so I can't study in the room. Also, / ④ his friends are always coming over… / and they sit on my bed / like they own it. Plus, / ⑤ he isn't organized. His side of the room / is really messy, / and sometimes, / he even puts his stuff on my desk.
음 첫째 제 룸메이트는 음악을 틀어요 항상 그리고 그는 그걸 아주 크게 틀어놓아요 그래서 전 방에서 공부할 수 없어요 또한 항상 그의 친구들이 방문합니다 그리고 그들은 제 침대에 앉아있죠 마치 자기들 것처럼 게다가 그는 정리정돈을 못해요 그 아이 쪽의 방은 정말 지저분해요 그리고 때때로 제 책상에 그의 물건을 올려놓기까지 하죠

방을 옮기고 싶은 이유

W: I see… Hmm… I'd really like to help you, / but since it's the middle of the semester, / it's pretty hard / to find another room available. I'll ask the residence official, / but the chances are slight.
알겠어요 음 전 정말로 학생을 도와주고 싶어요 하지만 학기 중이기 때문에 꽤 힘들어요 사용할 수 있는 다른 방을 찾는 것이 제가 주거 담당 직원에게 물어볼게요 하지만 가능성은 적어요

직원의 반응
비어있는 방을 구하기는 어려움

M: 안녕하세요. 제가 살고 있는 기숙사에 문제가 좀 있어요. 그래서 제가 다른 방으로 옮길 수 있을지 궁금하네요.
W: 음, 어떤 문제가 있나요?
M: 음, ⁰¹첫째, 제 룸메이트는 항상 음악을 틀어요. 그리고 그는 그걸 아주 크게 틀어놓아서 저는 방에서 공부를 할 수가 없어요. 또한, 항상 그의 친구들이 찾아와요… 그리고 그들은 제 침대가 마치 자기들 것처럼 앉아있죠. 게다가, 그는 정리정돈을 못해요. 그 아이 쪽의 방은 정말 지저분하고, 때때로 제 책상에 그의 물건을 올려놓기까지 하죠.
W: 알겠어요… 음… 정말로 학생을 도와주고 싶지만, 학기 중이기 때문에, 사용할 수 있는 다른 방을 찾기는 꽤 힘들어요. 제가 주거 담당 직원에게 물어보겠지만, 가능성은 적어요.

01 The student explains why he wants to transfer to another room. Indicate whether each of the items below is a reason the student mentioned.

	Yes	No
Roommate is disorganized.	✓	
Roommate plays music loudly.	✓	
Friends often visit roommate.	✓	
Roommate opens student's mail.		✓

학생은 그가 왜 다른 방으로 옮기고 싶어하는지 설명합니다. 아래의 각 항목이 학생이 언급한 이유인지 여부를 표시하세요.

	예	아니오
룸메이트가 정리정돈을 못한다.	✓	
룸메이트가 음악을 크게 튼다.	✓	
친구들이 룸메이트를 자주 방문한다.	✓	
룸메이트가 학생의 편지를 열어본다.		✓

🦉 학생은 방을 옮기고 싶은 이유를 나열합니다. 그 이유는 나열을 나타내는 표시어들을 통해 알 수 있습니다. 첫째로(first), 룸메이트가 음악을 아주 크게 틀고(he plays it really loud), 또한(Also), 룸메이트의 친구들이 항상 찾아오며(his friends are always coming over), 게다가(Plus), 룸메이트가 정리정돈을 못하는 것(he isn't organized)이 그 이유들입니다.

4. 정보의 관계 파악하기

4. 정보의 관계 파악하기 Connecting Contents 유형

[02]

OK... / can anyone here play the piano? Well, / it's pretty common for people / to play the piano these days, / but in the past, / this wasn't the case. And that is / what I'll be discussing today... / ① how the piano became such a common instrument.

When the piano was invented / in the nineteenth century, / only the rich could afford to buy one. But... / during the Industrial Revolution, / 02② companies first began mass-producing the piano. You know, / they were built in factories / instead of small shops. After this, / ③ the price of the piano / dropped significantly. As a result, / ④ many middle-class people began to purchase pianos. The piano had become one of the most common instruments, / and many people took lessons to learn / how to play it.

Now, / let's take a look at / how the new popularity of the piano / affected the development of modern music.

자… 여기 누구 피아노를 칠 수 있는 사람 있나요? 음, 요즘엔 피아노를 치는 건 꽤 흔한 일이죠. 하지만 과거에는 상황이 달랐어요. 그리고 그것이 오늘 제가 논의할 것입니다… 어떻게 피아노가 그렇게 일반적인 악기가 되었는가 하는 것이요.

주제: 피아노가 대중화된 과정

피아노가 19세기에 발명되었을 때, 오직 부자들만이 피아노를 살 여유가 있었습니다. 하지만… 산업혁명 동안, 02회사들이 처음으로 피아노를 대량 생산하기 시작했습니다. 자, 그것들은 작은 상점들 대신에 공장에서 만들어졌죠. 이후에, 피아노의 가격은 상당히 떨어졌습니다. 결과적으로, 많은 중산층들이 피아노를 구입하기 시작했습니다. 피아노는 가장 일반적인 악기들 중의 하나가 되었고, 많은 사람들이 그것을 연주하는 법을 배우기 위해 레슨을 받았습니다.

대량 생산 → 가격 하락 → 중산층들이 구입

자, 어떻게 피아노의 새로운 인기가 근대 음악의 발전에 영향을 끼쳤는지 살펴봅시다.

02 | The professor outlines the three steps that led to the piano becoming a common instrument. Put the steps listed below in the correct order. | 교수는 피아노가 일반적인 악기가 되게 된 세 단계를 약술합니다. 아래의 단계들을 올바른 순서대로 나열하세요.

Step 1	(A) Large numbers of pianos were produced in factories.
Step 2	(C) The cost of purchasing a piano was reduced.
Step 3	(B) Many middle-class people bought pianos.

단계 1	(A) 공장에서 많은 수의 피아노들이 생산되었다.
단계 2	(C) 피아노를 구입하는데 드는 비용이 줄어들었다.
단계 3	(B) 많은 중산층 사람들이 피아노를 샀다.

🦉 교수는 피아노가 대중화된 과정을 설명합니다. 그 각각의 과정은 순서를 나타내는 표시어들을 통해 알 수 있습니다. 회사들이 처음으로 피아노를 대량 생산하기 시작했고(companies first began mass-producing the piano), 이후에(After this), 피아노의 가격이 떨어졌고(the price of the piano dropped), 결과적으로(As a result), 많은 중산층들이 피아노를 구입하기 시작하면서(many middle-class people began to purchase pianos) 피아노가 일반적인 악기가 되었습니다.

4. 정보의 관계 파악하기 Connecting Contents 유형

[03~04]

S: Professor Copeland, / ⁰³may I talk to you / about the short story / I wrote for the class?

P: Of course. In fact, / I wanted to discuss it with you.

S: Oh... / was it that bad?

P: No, / it was good. ⁰⁴I really liked a couple of things. First, / I thought your plot was clear. The readers can follow the story easily. You know, / most students don't know / how to develop a story.

S: I made a detailed outline / before I started writing.

P: That's a good technique! ⁰⁴And second, / you developed your characters really well. It was easy for me / to identify with a couple of them.

S: Oh, / thanks. I'm really happy to hear that.

P: ⁰⁴But, / your story has one weakness... It's in the way / you write your sentences.

S: The grammar?

P: No, / the grammar's fine... / but you tend to use adverbs and adjectives / that aren't necessary... / you know, / like "yell loudly." Well, / if you're yelling, / it's obvious / that it's loud.

S: Oh, / you are right.

P: And... / "long-necked giraffe"... All giraffes have long necks, / so you don't need to use "long-necked."

S: Copeland 교수님, ⁰³제가 수업을 위해 썼던 단편 소설에 대해 얘기를 나눌 수 있을까요?

P: 물론이지. 실은, 나도 그것에 대해 너와 의논하고 싶었어.

S: 아... 그게 그렇게 별로였나요?

P: 아니야, 좋았어. ⁰⁴몇 가지가 정말 좋더구나. 첫 번째로, 네 줄거리가 분명하다는 생각이 들더구나. 독자들이 쉽게 이야기를 따라갈 수 있지. 음, 대부분의 학생들은 이야기를 어떻게 전개시켜야 할지 모르거든.

S: 전 글을 쓰기 시작하기 전에 상세한 개요를 작성했어요.

P: 그건 좋은 기법이야! ⁰⁴그리고 두 번째로, 너는 등장인물들을 잘 살렸더구나. 그들 중 몇몇과 공감하는 것이 쉬웠어.

S: 오, 감사해요. 그 말씀을 들으니까 정말 기쁘네요.

P: ⁰⁴그런데, 네 소설에 한 가지 단점이 있어… 그건 네가 문장을 쓰는 방식에 있단다.

S: 문법 말씀이신가요?

P: 아니야, 문법은 괜찮아… 그런데 넌 필요하지 않은 부사나 형용사들을 쓰는 경향이 있어… 음, "크게 소리지르다"와 같은 거 말이야. 자, 만약 네가 소리를 지른다면, 소리가 크다는 건 명백하잖니.

S: 오, 맞아요.

P: 그리고… "목이 긴 기린" 말이다… 모든 기린은 긴 목을 가지고 있어서, "목이 긴"이라고 쓸 필요가 없단다.

정답·해석·해설

03 Why does the student go to see the professor?

(A) To find out what the professor thought of his story
(B) To request an extension on an assignment
(C) To ask the professor why he received a low score
(D) To ask the professor to explain the assignment

학생은 왜 교수를 찾아 갔는가?

(A) 교수가 학생의 소설에 대해 어떻게 생각하는지 알기 위해서
(B) 과제에 대한 기한 연장을 요청하기 위해서
(C) 학생이 왜 낮은 성적을 받았는지 교수에게 문의하기 위해서
(D) 교수에게 과제에 대해 설명해달라고 요청하기 위해서

중심 내용임을 알려주는 표시어 "may I talk to you about ~" 이하에서 학생은 자신이 쓴 단편 소설(the short story I wrote for the class)에 관해 교수와 논의하고 싶어 찾아왔음을 알 수 있습니다.

04 The professor discusses the strengths and weaknesses of the student's story. Indicate whether each item is a strength or a weakness.

	Strength	Weakness
The development of the characters	√	
The way the sentences were written		√
The organization of the story	√	

교수는 학생의 소설의 장점과 단점에 대해 논의합니다. 각 사항들이 장점인지 단점인지 여부를 표시하세요.

	장점	단점
등장인물 살리기	√	
문장이 쓰여진 방식		√
이야기의 구성	√	

교수는 학생 소설의 장점과 단점을 열거합니다. 그 장단점들은 나열을 나타내는 표시어들을 통해 알 수 있습니다. 먼저 교수는 학생에게 학생의 소설에서 몇몇 부분이 정말 좋았다(I really liked a couple of things)고 말하며 첫 번째로(First), 줄거리가 분명하고(plot was clear), 그리고 두 번째로(And second), 등장인물들을 정말 잘 살렸음(you developed your characters really well)을 언급합니다. 이어서 교수는 그런데 학생의 소설에 한 가지 단점이 있다(But, your story has one weakness)고 말하며 문제가 학생이 문장을 쓰는 방식(the way you write your sentences)에 있음을 언급합니다.

4. 정보의 관계 파악하기 Connecting Contents 유형

[05~06]

W: Hi... / um, / I'm planning to move out of my dorm, / and [05]I'd like
안녕하세요 음 전 기숙사에서 나가려고 계획하고 있어요 그리고 전 알고 싶어서요
to know / what I have to do / before I move out... / like, if I have
제가 무엇을 해야 하는지 제가 나가기 전에 학생의 용건
to fill out a form or something.
제가 양식이나 뭔가를 작성해야 하는지 그런 것들이요 기숙사 퇴실을 위한 절차 문의

M: Right. [06]The first thing / you need to do / is fill out a form and
알겠어요 첫 번째 일 학생이 할 필요가 있는 양식을 작성하고 그것을 제출하는 것입니다
submit it / at least two weeks before you move out.
적어도 나가기 2주 전에

W: Two weeks before I move out? But I'd like to move out earlier... /
제가 나가기 2주 전이요 그런데 저는 더 일찍 나가고 싶어요
like next week.
다음 주 정도

M: Sorry, / but that's the policy.   직원의 조언
유감이에요 하지만 그게 방침이에요   퇴실 절차 : 양식 작성 및 제출 → 방 비움 → 열쇠 반납

W: But I didn't know about the rule.
그렇지만 전 그 규정에 대해 몰랐는걸요

M: Well, / all of the students are given / a copy of the dorm rules /
음 모든 학생들은 주어져요 기숙사 규정에 관한 책 한 권이
when they move in. So there's nothing / I can do.
그들이 기숙사에 들어올 때 그래서 없어요 제가 해줄 수 있는 건

W: OK, / I see. What else do I have to do?
네 알겠어요 제가 또 무엇을 해야 하죠

M: Um, / [06]on the day you plan to move out, / you need to completely
음 학생이 나가기로 계획한 날에 학생은 학생의 방을 완전히 비울 필요가 있어요
empty your room. If you leave any of your stuff, / it will be
학생이 만약 학생의 물건들을 남겨놓으면
thrown out. And then on that same day, / you'll need to drop by
그것은 버려지게 될 거예요 그리고 난 후 같은 날
the office / to return your dorm key.
학생은 사무실에 들를 필요가 있을 거예요 기숙사 열쇠를 반납하기 위해

W: OK, / thanks.
네 감사합니다

W: 안녕하세요… 음, 전 기숙사에서 나가려고 계획하고 있는데요, [05]나가기 전에 무엇을 해야 하는지 알고 싶어서요… 양식이나 뭔가를 작성해야 하는지 그런 것들이요.

M: 알겠어요. [06]학생이 첫 번째 해야 할 일은 적어도 나가기 2주 전에 양식을 작성하고 그것을 제출하는 것입니다.

W: 나가기 2주 전이요? 그런데 저는 더 일찍 나가고 싶은데요… 다음 주 정도에요.

M: 유감스럽지만, 그게 방침이에요.

W: 그렇지만 전 그 규정에 대해 몰랐는걸요.

M: 음, 모든 학생들은 기숙사에 들어올 때 기숙사 규정에 관한 책 한 권을 받아요. 그래서 제가 해줄 수 있는 게 없네요.

W: 네, 알겠어요. 제가 또 무엇을 해야 하죠?

M: 음, [06]학생이 나가기로 계획한 날에, 학생은 방을 완전히 비워야 합니다. 만약 학생이 물건들을 남겨놓으면, 버려지게 될 거예요. 그리고 난 후 같은 날, 학생은 기숙사 열쇠를 반납하기 위해 사무실에 들러야 합니다.

W: 네, 감사합니다.

정답 · 해석 · 해설

05 What are the speakers mainly discussing?

(A) Rules for staying in a dorm
(B) Procedures for moving out of a dorm
(C) Getting a new dorm room key
(D) Transferring to another dorm

화자들이 주로 무엇에 대해 얘기하고 있는가?

(A) 기숙사에 머무르는 것에 대한 규정
(B) 기숙사를 나가는 것에 대한 절차
(C) 새로운 기숙사 방의 열쇠를 받는 것
(D) 다른 기숙사로 옮기는 것

> 중심 내용임을 알려주는 표시어 "I'd like to know ~" 이하에서 학생은 기숙사를 나가기 전에 해야 할 것들이 무엇인지 (what I have to do before I move out) 알고 싶어 찾아왔음을 알 수 있습니다.

06 In the conversation, the university employee explains the sequence of steps involved in moving out of a dorm. Put the steps listed below in the correct order.

Step 1	(B) Fill out a form and submit it
Step 2	(C) Take all possessions out of the dorm room
Step 3	(A) Return the key to the office

대화에서, 직원은 기숙사를 나가는 것과 관련된 단계의 순서를 설명합니다. 아래의 단계들을 올바른 순서대로 나열하세요.

단계 1	(B) 양식을 작성하고 제출하기
단계 2	(C) 기숙사 방의 모든 소지품을 가져가기
단계 3	(A) 사무실에 열쇠 반납하기

> 직원은 학생이 기숙사를 나가기 전에 해야 할 일들과 그 순서를 말합니다. 그 일들은 순서를 나타내는 표시어들을 통해 알 수 있습니다. 첫 번째 일(The first thing)은 적어도 2주 전에 양식을 작성하고 제출(fill out a form and submit it at least two weeks before)하는 것이며, 나가기로 계획한 날에는 방을 완전히 비워야(on the day you plan to move out, you need to completely empty your room) 합니다. 그리고 난 후(And then), 학생은 사무실에 들러 열쇠를 반납해야(drop by the office to return your dorm key) 합니다.

4. 정보의 관계 파악하기 Connecting Contents 유형

[07~08]

Does anyone know / what the coldest summer in U.S. history was? Well, / actually, / the coldest summer in the United States / was in 1816. It's known as the Year Without a Summer. Well, / in the summer of that year, / temperatures dropped to freezing, / and frost killed off most of the crops. The rivers turned to ice, / and people froze to death. ⁰⁷What we want to discuss today is, / why did this happen?

Scientists theorized / that the cold summer was due to a volcanic eruption / in Indonesia in 1815, / the Tambora volcano. The explosion was so huge / that approximately 10,000 people were killed. Well, / this eruption produced a worldwide cooling effect. You know, / the U.S. is on the other side of the world. Yet it couldn't escape from the effect. So... / let's see how it happened. ⁰⁸First, / lots of gas and dust were released / into the atmosphere / when the volcano erupted. Next, / the wind blew the dust around the world... / and within a year, / it was in the atmosphere above North America. Then, / the dust reflected the sun's rays / back into outer space. As a result, / the temperature dropped to the freezing point.

미국 역사에서 가장 추웠던 여름이 언제였는지 아는 사람 있나요? 음, 실은, 미국에서 가장 추웠던 여름은 1816년이었습니다. 그 해는 '여름이 없었던 해'로 알려졌었죠. 음, 그 해 여름, 온도는 빙점으로 떨어졌고, 서리가 대부분의 농작물을 죽게 했습니다. 강은 얼음으로 변했고, 사람들은 동사하였습니다. ⁰⁷우리가 오늘 논의할 것은, 이것이 왜 일어났느냐 하는 것입니다.

과학자들은 추운 여름이 1815년의 인도네시아의 Tambora 화산 폭발 때문이라는 이론을 세웠습니다. 그 폭발은 너무나도 거대해서 거의 10,000명의 사람들이 죽었습니다. 음, 이 폭발은 세계적인 냉각효과를 만들어냈습니다. 알다시피, 미국은 지구 반대편에 있습니다. 하지만 미국도 그 영향으로부터 벗어날 수 없었죠. 그렇다면… 어떻게 그것이 일어났는지 보도록 하죠. ⁰⁸첫째, 화산이 폭발했을 때 많은 가스와 먼지들이 대기 중으로 방출되었습니다. 다음, 바람이 먼지를 전 세계로 날려보냈고… 1년도 되지 않아, 이것은 북미 위의 대기층에 있게 되었습니다. 그 후, 그 먼지는 태양 광선을 대기권 밖의 공간으로 반사시켰습니다. 그 결과, 온도가 어는점까지 떨어졌습니다.

정답 · 해석 · 해설

07 What is the talk mainly about?

(A) The volcanic eruptions of Mt. Tambora
(B) The effects of freezing summers on the environment
(C) The reason for a historic temperature drop in the U.S.
(D) The phenomenon of volcanic dust in the atmosphere

강의는 주로 무엇에 관한 것인가?

(A) Tambora 산의 화산 폭발
(B) 추운 여름이 환경에 미치는 영향
(C) 미국의 역사적인 기온 하강의 원인
(D) 대기중의 화산 먼지 현상

🦉 중심 내용임을 알려주는 표시어 "What we want to discuss today ~" 이하에서 강의는 미국에서 가장 추웠던 여름이 왜 발생했는지(why did this happen)에 대한 것임을 알 수 있습니다.

08 In the lecture, the professor describes the steps that resulted in the United States' unusual climate in 1816. Put the steps listed below in the correct order.

Step 1	(B) Large amounts of gas and dust from the volcano are ejected into the atmosphere.
Step 2	(A) Wind moves dust around the globe.
Step 3	(C) Dust throws back the sun's rays.

강의에서, 교수는 1816년 미국의 이례적인 기후현상을 야기시킨 단계를 설명합니다. 아래의 단계들을 올바른 순서대로 나열하세요.

단계 1	(B) 화산으로부터 많은 양의 가스와 먼지가 대기로 방출된다.
단계 2	(A) 바람이 전세계로 먼지를 이동시킨다.
단계 3	(C) 먼지들이 태양 광선을 반사시킨다.

🦉 교수는 미국의 기온 하강 현상을 야기시킨 단계에 대해 설명하고 있습니다. 그 각각의 단계는 순서를 나타내는 표시어를 통해 알 수 있습니다. 첫째(First), 많은 양의 가스와 먼지가 대기 중으로 방출되었고(lots of gas and dust were released into the atmosphere), 다음(Next), 바람이 먼지를 전 세계로 날려보냈습니다(the wind blew the dust around the world). 그 후(Then), 그 먼지는 태양 광선을 대기권 밖의 공간으로 반사시켜(the dust reflected the sun's rays back into outer space) 온도가 어느점까지 떨어지게 되었습니다.

4. 정보의 관계 파악하기

4. 정보의 관계 파악하기 Connecting Contents 유형

[09~10]

Now... / everyone's familiar with the Industrial Revolution of the eighteenth century, / right? But what you may not realize / is that industrialization first occurred in Britain. [09]Today, / we are going to discuss / what made it possible for Britain to industrialize. [10]One factor is the amount of capital / that was available in Great Britain. British businessmen made a lot of money / from Britain's overseas colonies / and from foreign trade. They used this money / to build railroads and factories, / and establish mines / in Britain. [10]Another important factor was the availability of cheap labor. Because of the development of new farming technologies, / many agricultural workers lost their jobs. Many of them moved to the cities / in search of work. Factory owners were able to hire these workers / at very low wages. [10]Finally, / industrialization in Britain was made possible / by the large quantities of coal in the country. As I'm sure / you all know, / coal was the, uh, primary source of power / during the Industrial Revolution. It fueled Britain's many factories.

자… 모두 18세기 산업혁명이라는 말에 익숙할 것입니다, 그렇죠? 하지만 여러분이 깨닫지 못할지도 모르는 것은 산업화가 영국에서 처음 일어났다는 거예요. [09]오늘, 우리는 무엇이 영국에서 산업화가 가능하도록 만들었는지 논의할 것입니다.

[10]한 요인은 영국에서 이용할 수 있던 자본의 양입니다. 영국의 사업가들은 영국의 해외 식민지와 해외 무역으로부터 많은 돈을 벌었습니다. 그들은 이 돈을 영국에 철도와 공장들을 짓고, 광산을 짓는데 사용했습니다.

[10]다른 중요한 요인은 이용 가능했던 값싼 노동력이었습니다. 새로운 농업 기술의 발전 때문에, 많은 농업 노동자들이 그들의 직업을 잃었습니다. 그들 중 많은 이들이 일을 찾아 도시로 이동했습니다. 공장의 소유주들은 그 노동자들을 아주 값싼 임금으로 고용할 수 있었습니다.

[10]마지막으로, 영국의 산업화는 나라 내의 많은 양의 석탄에 의해서 가능해졌습니다. 여러분이 모두 알고 있을 거라 확신하는데, 석탄은, 어, 산업혁명 동안 동력의 가장 중요한 근원이었습니다. 이것은 영국의 많은 공장들에 에너지를 공급했습니다.

정답 · 해석 · 해설

09 What is the main topic of this lecture?

(A) The economy of Great Britain
(B) The importance of the Industrial Revolution
(C) The factors that allowed Britain to industrialize
(D) Changes to industry in the eighteenth century

강의의 주제는 무엇인가?

(A) 영국의 경제
(B) 산업혁명의 중요성
(C) 영국이 산업화하도록 한 요인들
(D) 18세기에 있었던 산업의 변화들

> 중심 내용임을 알려주는 표시어 "Today, we are going to discuss ~" 이하에서 강의는 무엇이 영국의 산업화를 가능하도록 만들었는지(what made it possible for Britain to industrialize)에 관한 것임을 알 수 있습니다.

10 The professor describes the qualities that made Britain's industrialization possible. Indicate which of the following are qualities mentioned in the lecture.

	Yes	No
Cheap labor from overseas colonies		√
Money from overseas sources	√	
Numerous coal deposits in the country	√	
Large numbers of available workers	√	

교수는 영국의 산업화를 가능하도록 만들었던 특성들에 대해 설명합니다. 각 사항들이 강의에서 언급된 특성인지 여부를 표시하세요.

	예	아니오
해외 식민지로부터의 값싼 노동력		√
해외 출처로부터의 돈	√	
나라 내에 풍부한 석탄 매장량	√	
일할 수 있던 많은 노동자	√	

> 교수는 영국의 신업화를 가능하게 만들었던 특성들에 관해 언급합니다. 그 특성들은 나열을 나타내는 표시어들을 통해 알 수 있습니다. 한 가지 요인(One factor)으로 자본의 양(the amount of capital), 다른 요인(Another important factor)으로 값싼 노동력의 이용 가능함(the availability of cheap labor), 마지막으로(Finally), 많은 양의 석탄(the large quantities of coal)을 언급합니다.

5. 추론 및 목적 파악하기 Inference & Purpose 유형

유형 연습
p. 98

| 01 (A) | 02 (A) | 03 (C) | 04 (A) | 05 (B) | 06 (B) | 07 (C) | 08 (B) |

01

S: I wanted to talk to you / about ① changing my paper topic.
저는 교수님과 이야기하고 싶었어요   제 보고서 토픽을 바꾸는 것에 대해
I found / that ② too many students are working on the same
전 알게 되었어요   너무 많은 학생들이 저와 같은 토픽에 대해 연구를 한다는 것을
topic as me. I want to ③ do something different.
   저는 뭔가 다른 것을 하고 싶어요
P: I see... What would you like to research?
   알겠다   넌 무엇을 연구해보고 싶니

Q. What can be inferred about the student's topic?

(A) It is very popular.
(B) It is too difficult.
(C) It is not interesting.

S: 제 보고서 토픽을 바꾸는 것에 대해 교수님과 이야기하고 싶었어요. 전 너무 많은 학생들이 저와 같은 토픽에 대해 연구를 한다는 것을 알게 되었어요. 저는 뭔가 다른 것을 하고 싶어요.
P: 알겠다… 무엇을 연구해보고 싶니?

Q. 학생의 토픽에 대해서 추론할 수 있는 것은 무엇인가?

(A) 그것은 아주 인기 있다.
(B) 그것은 몹시 어렵다.
(C) 그것은 흥미롭지 않다.

🦉 학생은 교수에게 너무 많은 학생들이 자신과 같은 토픽으로 연구를 하고 있다(too many students are working on the same topic as me)고 말합니다. 이를 통해 학생이 선택한 토픽이 아주 인기 있음을 유추할 수 있습니다.

02

P: OK... I think / we've covered everything for today. We don't
   그래요   저는 생각합니다   우리가 오늘 할 모든 내용을 다뤘다고
really ① have enough time / to look at any new material.
   우리는 충분한 시간이 정말로 없네요   새로운 소재를 살펴볼
Now, / make sure / you review your class notes / because
   자   명심하세요   여러분의 수업 노트를 복습하는 것을
there will ② be a quiz / next time we meet...
   왜냐하면 퀴즈가 있을 테니까요   다음 시간 우리가 만났을 때

Q. What will happen in the next class?

(A) The students will take a test.
(B) The professor will introduce a new topic.
(C) The students will review their notes.

P: 그래요… 제 생각에 오늘 할 모든 내용을 다룬 것 같군요. 새로운 내용을 살펴볼 시간이 충분하지 않네요. 자, 다음 시간 우리가 만났을 때 퀴즈가 있을 테니 여러분의 수업 노트를 복습하는 것을 명심하세요…

Q. 다음 시간에 무슨 일이 일어날 것인가?

(A) 학생들은 시험을 칠 것이다.
(B) 교수는 새로운 토픽을 소개할 것이다.
(C) 학생들은 그들의 노트를 복습할 것이다.

🦉 교수는 다음 시간에 퀴즈가 있으니 수업 노트를 복습해오라(review your class notes because there will be a quiz next time we meet)고 말합니다. 이를 통해 다음 시간에 학생들이 시험을 칠 것임을 유추할 수 있습니다.

정답 · 해석 · 해설

03

S: I don't know / why I got a ticket / for parking in front of the dormitory. I just had to move something / up to my room. I ① even told the dormitory supervisor / that I would ② only park there / for five minutes, / and he said / ③ it would be OK.

Q. What can be inferred about the student?

(A) He has lived at the dorm for a short time.
(B) He usually parks his car behind the dorm.
(C) He knows he shouldn't park in front of the dorm.

S: 제가 왜 기숙사 앞에 주차한 걸로 범칙금 고지서를 받았는지 모르겠어요. 저는 제 방으로 뭘 좀 옮겨야 했거든요. 기숙사 관리하시는 분께 5분 동안만 거기 주차하겠다고 말씀까지 드렸고, 그 분이 괜찮을 거라고 말씀하셨어요.

Q. 학생에 대해 추론할 수 있는 것은 무엇인가?

(A) 그는 기숙사에서 짧은 기간 동안 살았다.
(B) 그는 주로 기숙사 뒤에 그의 차를 주차한다.
(C) 그는 기숙사 앞에 주차하면 안 된다는 것을 알고 있다.

학생은 기숙사 관리인에게 5분만 그곳에 주차하겠다고까지 말했고, 그 분이 괜찮을 거라고 했다(I even told the dormitory supervisor that I would only park there for five minutes, and he said it would be OK)고 말합니다. 학생이 미리 허락을 구한 것으로 미루어 주차를 하면 안 된다는 사실을 이미 알고 있었음을 유추할 수 있습니다.

04

P: OK... Let's talk / about ① how early humans became farmers. This process is known as the Neolithic Revolution. Now... / most people think / a revolution ② happens very suddenly and quickly. Well, / ③ this one's different...

Q. What can be inferred about the Neolithic Revolution?

(A) It took place over a long period of time.
(B) It happened because people could not find food.
(C) It resulted from sudden changes to society.

P: 좋아요… 어떻게 초기 인류가 농부가 되었는지에 관해 이야기해 봅시다. 이 과정은 신석기 혁명이라고 알려져 있습니다. 자… 대부분의 사람들은 혁명이 매우 급작스럽고 빠르게 일어난다고 생각하죠. 음, 이 경우는 다릅니다…

Q. 신석기 혁명에 관해 추론할 수 있는 것은 무엇인가?

(A) 그것은 긴 시간에 걸쳐서 일어났다.
(B) 그것은 사람들이 음식을 찾을 수 없었기 때문에 일어났다.
(C) 그것은 사회의 급작스런 변화에 의해 발생했다.

교수는 대부분의 사람들은 혁명이 매우 급작스럽고 빠르게 일어난다고 생각하지만(most people think a revolution happens very suddenly and quickly), 이 경우, 즉, 신석기 혁명은 다르다(this one's different)고 말합니다. 사람들의 혁명에 대한 일반적인 생각과는 다르게 신석기 혁명은 긴 시간에 걸쳐 일어났음을 유추할 수 있습니다.

5. 추론 및 목적 파악하기

5. 추론 및 목적 파악하기 Inference & Purpose 유형

05

S: Is the outline required? I'm sorry, / but I ① didn't make one.
개요가 필수적인가요   죄송합니다   하지만 저는 개요를 작성하지 않았어요

I just started writing / because I thought / ② I should finish the
전 그냥 쓰기 시작했어요   저는 생각했기 때문에   제가 그 보고서를 끝내야 한다고

paper / as soon as possible.
가능한 빨리

P: Hmm... / you know, / to organize your paper, / ③ you need a
음   알다시피   학생의 보고서를 체계적으로 만들기 위해서는

good outline. It's like the foundation of a building.
학생은 좋은 개요가 필요해요   그건 마치 건물의 토대와 같아요

Q. Why does the professor mention the foundation of a building?

 (A) To show that buildings need a foundation
 (B) To emphasize the importance of an outline
 (C) To explain how an outline is made

S: 개요를 꼭 작성해야 하나요? 죄송하지만, 저는 개요를 작성하지 않았어요. 전 그 보고서를 가능한 빨리 끝내야 한다고 생각했기 때문에 그냥 쓰기 시작했어요.

P: 음… 알다시피, 보고서를 체계적으로 작성하기 위해서는, 좋은 개요가 필요해요. 그건 마치 건물의 토대와 같은 거에요.

Q. 교수는 왜 건물의 토대를 언급하는가?

 (A) 건물은 토대가 필요하다는 것을 보여주기 위해서
 (B) 개요의 중요성을 강조하기 위해서
 (C) 어떻게 개요가 만들어지는 지를 설명하기 위해서

> 교수는 보고서를 체계적으로 만들기 위해서는 좋은 개요가 필요하다(to organize your paper, you need a good outline)고 말한 후, 개요를 건물의 토대와 같다(It's like the foundation of a building)고 비유합니다. 건물의 토대를 언급함으로써 개요의 중요성을 강조하고 있습니다.

06
M: May I use my own heater / in my dorm room? It's so cold this
   제가 제 개인 난방장치를 사용해도 될까요   제 기숙사 방에서
   winter!
   이번 겨울은 너무 추워요
W: I'm afraid / ① that is against the rules. A year ago, / there was
   죄송하지만   그건 규정에 반하는 일이에요   일 년 전에
   a fire in the dormitory / ② because of a personal heater.
   기숙사에서 화재가 있었어요   개인용 난방장치 때문에
   Fortunately, / no one got hurt. However, / personal heaters
   다행스럽게   아무도 다치지는 않았죠   하지만
   ③ have been banned / since then.
   개인용 난방장치는 금지되었습니다 그때 이후로

Q. Why does the woman mention the fire?

   (A) To indicate a heater brand that is dangerous
   (B) To explain why personal heaters are not allowed
   (C) To illustrate how a personal heater should be used

M: 제가 기숙사 방에서 제 개인 난방장치를 사용해도 될까요? 이번 겨울은 너무 추워요!
W: 죄송하지만 그건 규정에 반하는 일이에요. 일 년 전에, 개인용 난방장치 때문에 기숙사에 화재가 있었어요. 다행스럽게, 아무도 다치지는 않았죠. 하지만, 개인용 난방장치는 그때 이후로 금지되었습니다.

Q. 여자는 왜 화재를 언급하는가?
   (A) 위험한 난방장치 브랜드를 말하기 위해
   (B) 왜 개인용 난방장치가 허용되지 않는지를 설명하기 위해
   (C) 개인용 난방장치가 어떻게 사용되어야 하는지를 설명하기 위해

🦉 여자는 개인용 난방장치를 사용하고 싶어하는 학생에게 그것은 규정에 반하는 일이라(that is against the rules)고 말한 후, 일 년 전에 개인용 난방장치 때문에 화재가 있었고(A year ago, there was a fire in the dormitory because of a personal heater), 그 이후로 개인용 난방장치는 금지되었다(personal heaters have been banned since then)고 이야기합니다. 화재를 언급함으로써 개인용 난방장치가 왜 허용되지 않는지를 설명하고 있습니다.

5. 추론 및 목적 파악하기 Inference & Purpose 유형

07

P: A cloud is ① made up of water droplets, / frozen water
　　구름은 물방울로 구성되어 있습니다　　　　얼어붙은 물의 결정

crystals, / and dust.
그리고 먼지로

S: But water is heavier than air... / how does a cloud float?
　　하지만 물은 공기보다 무겁잖아요　　　　어떻게 구름이 떠 있는 거죠

P: Good question. ② Logs are heavy too, / but interestingly
　　좋은 질문이에요　　통나무도 역시 무겁지요　하지만 충분히 흥미롭게도

enough, / they can float on water. Basically, / ③ the same
　　　그것들은 물위에 떠 있을 수 있어요　　기본적으로

principle is involved.
같은 원리가 적용됩니다

Q. Why does the professor mention a log?

(A) To show that logs are not heavy
(B) To name another object that can float
(C) To explain how clouds remain in the air

P: 구름은 물방울, 얼어붙은 물의 결정, 그리고 먼지로 구성되어 있습니다.
S: 하지만 물은 공기보다 무겁잖아요… 어떻게 구름이 떠 있는 거죠?
P: 좋은 질문이에요. 통나무도 역시 무겁지만, 충분히 흥미롭게도, 그것들은 물위에 떠 있을 수 있어요. 기본적으로, 같은 원리가 적용됩니다.

Q. 교수는 왜 통나무를 언급하는가?

(A) 통나무가 무겁지 않다는 것을 보여주기 위해서
(B) 뜰 수 있는 다른 물체의 이름을 말하기 위해서
(C) 어떻게 구름이 공중에 머무를 수 있는지 설명하기 위해서

> 교수는 구름이 어떻게 떠있을 수 있는가에 대한 학생의 질문(how does a cloud float)에 대해 통나무도 역시 무겁지만 물위에 떠 있을 수 있고 구름에도 같은 원리가 적용된다(Logs are heavy too, but interestingly enough, they can float on water. Basically, the same principle is involved)고 이야기합니다. 통나무를 언급함으로써 구름이 공중에 떠있을 수 있는 원리를 설명하고 있습니다.

08

P: Contact between different cultural groups / may result in
　　서로 다른 문화집단 간의 만남은
① a variety of outcomes.　Sometimes ② members of one of
　　다양한 결과를 야기할 수도 있습니다　　때때로 한 집단의 일원들이
the groups / are harmed...　For instance, / European explorers
해를 입습니다　　　　예를 들면
brought many diseases / to the New World.　③ These caused
유럽인 탐험가들은 많은 질병들을 가져 왔습니다　신세계로
problems for Native Americans.　However, / in many cases, /
이것은 미국 원주민들에게 문제를 일으켰죠　그렇지만　　많은 경우에
④ both groups benefit / from these sorts of encounters...
두 집단 모두가 혜택을 얻습니다　　이런 종류의 조우로부터

Q. Why does the professor mention diseases brought by European explorers?

(A) To describe a common result of a meeting of different cultural groups
(B) To give an example of a negative effect of a meeting between two groups
(C) To demonstrate that cultural exchanges are rarely beneficial

P: 서로 다른 문화집단 간의 만남은 다양한 결과를 야기할 수도 있습니다. 때때로 한 집단의 일원들이 해를 입기도 하죠… 예를 들면, 유럽인 탐험가들은 많은 질병들을 신세계로 가져 왔습니다. 이것은 미국 원주민들에게 문제를 일으켰죠. 그렇지만, 많은 경우에, 두 집단 모두가 이런 종류의 조우로부터 혜택을 얻습니다…

Q. 교수는 왜 유럽인 탐험가들이 가져온 질병을 언급하는가?

(A) 서로 다른 문화집단의 만남의 일반적인 결과를 설명하기 위해서
(B) 두 집단끼리의 만남의 부정적인 영향의 예를 들기 위해서
(C) 문화적 교류가 대부분 이롭지 않다는 것을 논증하기 위해서

🦉 교수는 다른 문화집단 간의 만남이 때때로 한 집단의 일원들에게 해를 입히기도 한다(Sometimes members of one of the groups are harmed)는 이야기를 한 다음, 예를 들어 유럽인 탐험가들이 신세계로 많은 질병을 가져 왔나(For instance, European explorers brought many diseases to the New World)고 말합니다. 유럽인 탐험가들이 신세계로 가져온 질병을 언급함으로써 두 집단 간의 만남의 부정적인 영향을 예를 들어 설명하고 있습니다.

5. 추론 및 목적 파악하기 Inference & Purpose 유형

유형 정복
p. 102

01 (A) 02 (B) 03 (D) 04 (B) 05 (A) 06 (C) 07 (B) 08 (A) 09 (B) 10 (D)

[01]

W: Hi. I was hoping / you could help me / ① find a place / for choir practice. We're currently using a room in Lincoln Hall, / but it's too noisy / because of all the construction.
안녕하세요 저는 바라고 있었어요 당신이 저를 도와주시기를 장소를 찾을 수 있도록
합창단 연습을 위한 저희는 현재 Lincoln Hall의 공간을 사용하고 있습니다
그런데 이곳이 너무 시끄럽거든요 공사 때문에

학생의 용건
연습실을 찾고 싶음

M: Hmm... It'll be hard / to find another place. All the practice rooms on campus are booked... You know, / ② it's a busy time of year.
음 그것은 힘들 거예요 다른 장소를 찾는 것이
교내 모든 연습실이 예약되어 있거든요 알고 있겠지만 일 년 중 바쁜 기간이잖아요

W: Yeah, / I know... The problem is / that we have a concert / in two weeks. We were supposed to practice / in the music room, / but ⁽¹⁾the jazz band asked us / to switch places. I think / ③ they did that on purpose! They asked us / ④ right before the construction work started!
네 전 알고 있습니다 문제는 ~입니다 저희가 연주회가 있다는 것
2주 후에 저희는 연습을 하게 되어 있었습니다 음악실에서
그런데 재즈 밴드가 저희에게 요청을 했어요 장소를 바꾸자고 저는 생각해요
그들이 고의로 그랬다고 그들은 저희에게 물어 보았거든요
공사가 시작되기 바로 직전에

직원의 반응
모두 예약이 되어 있어서 구하기 힘듦

M: Well, / I don't know right now. I'll check again / and let you know / ⑤ if I find a room.
음 저는 지금 당장은 모르겠네요 제가 다시 알아 볼게요 그리고 학생에게 알려줄게요
제가 장소를 찾았는지 여부를

W: Thanks.
감사합니다

W: 안녕하세요. 합창단 연습을 위한 장소를 찾을 수 있도록 도와 주셨으면 해요. 저희는 현재 Lincoln Hall을 사용하고 있는데, 이곳이 공사 때문에 너무 시끄럽거든요.

M: 음… 다른 장소를 찾기는 힘들 거예요. 교내의 모든 연습실이 예약되어 있거든요… 알고 있겠지만, 일 년 중 바쁜 기간이잖아요.

W: 네, 알고 있습니다… 문제는 2주 후에 연주회가 있다는 거예요. 저희는 음악실에서 연습을 하게 되어 있었는데, ⁽¹⁾재즈 밴드가 장소를 바꾸자고 저희에게 요청을 했어요. 저는 그들이 고의로 그랬다고 생각해요! 공사가 시작되기 바로 직전에 저희에게 물어 보았거든요!

M: 음, 지금 당장은 모르겠네요. 다시 알아보고 장소가 있는지 여부를 알려줄게요.

W: 감사합니다.

01 What does the woman imply about the members of the jazz band?

(A) They knew about the construction near Lincoln Hall.
(B) They will be performing at the concert with the choir.
(C) They were not bothered by the noise when they rehearsed.
(D) They have not arranged for a place to practice.

여자는 재즈 밴드원들에 대해서 무엇을 암시하는가?

(A) 그들은 Lincoln Hall 근처의 공사에 대해서 알고 있었다.
(B) 그들은 합창단과 함께 연주회에서 공연을 할 것이다.
(C) 그들은 예행연습을 할 때 소음으로 인해 방해받지 않았다.
(D) 그들은 연습을 위한 장소를 준비하지 않았다.

여자는 재즈 밴드가 장소를 바꾸자고 요청하였는데(the jazz band asked us to switch places), 그들이 고의로 그랬다(they did that on purpose)고 생각합니다. 공사가 시작하기 바로 직전에 그 요청을 하였기(They asked us right before the construction work started) 때문입니다. 이를 통해 여자는 재즈 밴드가 Lincoln Hall 근처의 공사에 대해서 알고 있었다고 암시하고 있음을 유추할 수 있습니다.

5. 추론 및 목적 파악하기 Inference & Purpose 유형

[02]

P: Now... / we've been studying / the different components of a, um, chromosome. Before we begin today's lesson, / let's have a quick review. Can anyone tell me / what a chromosome is?
S: It's a package of DNA. ① Each cell in our body contains a lot of DNA. ② The DNA is joined together / like a piece of rope. This collection of DNA is called a chromosome.
P: That's right! Today we are going to discuss telomeres. A telomere is a group of specialized DNA / ③ found at the end of a chromosome. ④ Its main purpose is / to protect the chromosome. 02Basically, / by covering the end of the chromosome, / a telomere ensures / ⑤ that the DNA strands do not become damaged. Um... it is kind of like the plastic cap / on the end of a shoelace.

P: 자… 우리는 염색체의, 음, 여러 가지 구성 요소에 대해서 공부해 왔습니다. 오늘 수업을 시작하기 전에, 빠르게 복습을 해봅시다. 염색체가 무엇인지 누가 말해볼 수 있나요?
S: 그건 DNA의 집합체입니다. 우리 몸 안의 각각의 세포는 많은 양의 DNA를 포함하고 있어요. DNA는 마치 한가닥의 밧줄처럼 함께 결합되어 있어요. 이 DNA의 집합을 염색체라고 부릅니다.
P: 맞아요! 오늘 우리는 텔로미어에 대해 논의해 볼 것입니다. 텔로미어는 염색체의 끝에서 발견되는 특화된 DNA의 집합이죠. 그것의 주목적은 염색체를 보호하는 것이에요. 02텔로미어는 기본적으로, 염색체의 끝을 감싸며, DNA 가닥이 손상되지 않도록 지킵니다. 음… 그건 마치 신발끈의 끝에 있는 플라스틱 덮개 같은 것입니다.

02 Why does the professor mention a shoelace?

(A) To emphasize the rarity of telomeres
(B) To illustrate the function of telomeres
(C) To explain why telomeres are so special
(D) To suggest that telomeres are related to DNA

교수는 왜 신발끈을 언급하는가?

(A) 텔로미어의 희소성을 강조하기 위해
(B) 텔로미어의 기능을 설명하기 위해
(C) 텔로미어가 왜 그렇게 특별한지 설명하기 위해
(D) 텔로미어가 DNA와 관계되어 있다는 것을 암시하기 위해

교수는 텔로미어가 염색체의 끝을 감싸 DNA 가닥이 손상을 입지 않도록 지킨다(by covering the end of the chromosome, a telomere ensures that the DNA strands do not become damaged)는 이야기를 한 뒤에 그건 마치 신발끈의 끝에 있는 플라스틱 덮개 같은 것(it is kind of like the plastic cap on the end of a shoelace)이라고 이야기 합니다. 비슷한 역할을 하는 신발끈의 덮개를 언급함으로써 텔로미어의 기능을 설명하고 있습니다.

5. 추론 및 목적 파악하기 Inference & Purpose 유형

[03~04]

S: Hi, / Professor Burke. I heard / that you're in charge of supervising the student elections... / and ⁰³I was wondering / if I could be an election volunteer...

P: You'd like to apply? Do you know exactly / what the work involves?

S: I have some idea, / but could you tell me more about it?

P: It's pretty simple. Um... / you have to check the students' ID cards... / uh, and you must make sure / that the student is using the voting machine correctly...

S: Voting machine? I don't know / how to work a voting machine.

P: Oh, / that's not a problem. You and the other volunteers will attend an orientation...

S: Oh, / good!

P: ⁰⁴Don't leave yet... Why don't you fill out the form / while you're here?

S: Um... / could I come back and fill it out / in a few minutes? I have a friend / who wants to volunteer too, / and I'd like for us to apply together.

P: OK, / but please hurry / because I'll be leaving the office / in about an hour.

S: 안녕하세요, Burke 교수님. 교수님이 학생선거 관리를 맡고 계시다고 들었어요… 그래서 ⁰³제가 선거 자원봉사자가 될 수 있을지 궁금해 하던 중이었어요…

P: 지원하고 싶니? 그 일이 정확히 무엇을 의미하는지 알고 있니?

S: 대강 알고 있긴 하지만, 좀 더 말씀해주시겠어요?

P: 꽤 간단해. 음… 너는 학생증을 확인해야 한단다… 어, 그리고 학생이 투표 기계를 올바르게 사용하고 있는지 확인해야 해…

S: 투표 기계요? 전 투표 기계를 어떻게 작동시키는지 모르는데요.

P: 오, 그건 문제가 안돼. 너와 다른 자원봉사자들은 오리엔테이션에 참석하게 될 거야…

S: 오, 잘됐네요!

P: ⁰⁴아직 가지 말아라… 여기 있는 김에 양식을 작성하는 게 어떻겠니?

S: 음… 잠시 후에 다시 와서 작성해도 될까요? 지원하고 싶어하는 친구가 또 있어서, 같이 지원하고 싶어요.

P: 그렇게 해라, 하지만 내가 한 시간 쯤 후에 연구실에서 나갈 거니까 서두르도록 해.

정답·해석·해설

03 Why does the student go to see the professor?

(A) To sign up to run as a candidate for the student council
(B) To get advice about her report on monitoring elections
(C) To get instructions on how to use a voting machine
(D) To ask if she can volunteer during the student election

학생은 왜 교수를 찾아갔는가?

(A) 학생회의 후보자로 출마 등록하기 위해서
(B) 선거 감독에 대한 학생의 보고서에 관해 조언을 구하기 위해서
(C) 투표 기계를 어떻게 사용하는지에 대한 교육을 받기 위해서
(D) 학생이 학생선거 기간에 자원봉사를 할 수 있을지 묻기 위해서

🦉 중심 내용을 알려주는 표시어 "I was wondering if ~" 이하에서 학생은 선거 자원봉사자가 될 수 있는지(I could be an election volunteer)를 묻기 위해 찾아왔음을 알 수 있습니다.

04 What will the student probably do next?

(A) Go to a class
(B) Return with her friend
(C) Get a new ID card
(D) Attend an orientation

학생은 다음에 무엇을 할 것인가?

(A) 수업에 간다
(B) 학생의 친구와 함께 돌아온다
(C) 새로운 학생증을 받는다
(D) 오리엔테이션에 참가한다

🦉 교수가 학생에게 여기 있는 김에 양식을 작성하여(Why don't you fill out the form while you're here) 지원하라고 하자, 학생은 친구와 함께 지원하기 위해 잠시 후에 다시 와서 작성해도 되는지(could I come back and fill it out in a few minutes? I have a friend who wants to volunteer too, and I'd like for us to apply together)를 묻습니다. 이에 교수는 그렇게 하라(OK)고 합니다. 이를 통해 학생은 친구와 함께 다시 돌아올 것임을 유추할 수 있습니다.

5. 추론 및 목적 파악하기 Inference & Purpose 유형

[05~06]

S: I got your e-mail, / Professor. ⁰⁵You said / you wanted to see me / about my test scores?

P: Yes, / I did... Well, / I noticed / that your scores in class are getting worse. Are you having a problem in my class?

S: I have been studying hard... / but I find the class really difficult to follow.

P: I see... Have you considered / getting some help / from someone in the physics club?

S: Well, / no, / I haven't done that. ⁰⁶I'm just a bit surprised / because I didn't expect / the class to be so hard. Actually, / last semester, / I completed Fundamentals of Physics, / and the class was pretty easy. So, / I didn't expect / to have a problem in this one.

P: But you have to remember / that the class is an introductory course, / and my course is advanced. So... / I really think / it would be best / if you got help. It's too late / to drop my class.

S: OK, / well, / I think / I'll be getting some help / from the club then. But before that, / I'd just like to go over the comments / you made on my test... / then I'd really appreciate it / if you could explain some of the answers.

S: 교수님, 교수님의 이메일을 받았어요. ⁰⁵제 시험 성적 관련해서 절 보고 싶으시다고 하셨죠?

P: 그래, 그랬지... 음, 수업에서 네 성적이 떨어지고 있다는 것에 주목하게 되었어. 내 수업에서 무슨 문제라도 있니?

S: 전 열심히 공부를 해왔어요... 그런데 이 수업이 따라가기 너무 어려운 것 같아요.

P: 그랬구나... 물리학 클럽의 누군가에게 도움을 받는 걸 고려해 본 적 있니?

S: 음, 아뇨, 해보지 않았어요. ⁰⁶전 그냥 수업이 이렇게까지 어려울 거라고 예상하지 못했기 때문에 약간 놀랐어요. 사실, 지난 학기에, 전 물리학 개론을 이수했고, 그 수업은 꽤 쉬웠어요. 그래서, 전 이 수업에서 문제가 있을 거라고 예상하지 못했어요.

P: 그런데 넌 그 수업은 입문 과정이고, 내 수업은 고급 과정이라는 것을 기억해야 해야 해. 그래서... 난 네가 도움을 받는 것이 정말 최선이라고 생각해. 수업을 그만 두기에는 너무 늦었잖니.

S: 네, 음, 그렇다면 그 클럽으로부터 도움을 받아야겠다는 생각이 드네요. 하지만 그전에, 교수님이 제 시험에 주신 의견들을 검토해보고 싶어요... 그리고 만약 교수님이 몇몇 답들을 설명해 주실 수 있다면 정말 감사하겠어요.

정답 · 해석 · 해설

05 What are the speakers mainly discussing?

(A) The student's poor performance in class
(B) The student's physics report
(C) A physics course the student took
(D) The rules for dropping a class

화자들이 주로 무엇에 대해 얘기하는가?

(A) 수업에서 학생의 뒤쳐진 성적
(B) 학생의 물리학 보고서
(C) 학생이 이수한 물리학 수업
(D) 수업을 그만 두기 위한 규정

🦉 중심 내용임을 알려주는 표시어 "You said you wanted to ~" 이하에서 학생은 교수와 자신의 시험 성적에 대해서(about my test score) 이야기 하기 위해 찾아온 것임을 알 수 있습니다. 특히 이어지는 교수의 말에서 대화는 학생의 성적이 떨어지고 있다(your score in class are getting worse)는 점에 관한 것임을 알 수 있습니다.

06 Why does the student mention Fundamentals of Physics?

(A) To point out that physics is an interesting subject
(B) To name the physics courses that he has taken
(C) To explain that the course he is presently taking is too difficult
(D) To emphasize the importance of taking physics

학생은 왜 물리학 개론을 언급하는가?

(A) 물리학이 흥미로운 과목임을 지적하기 위해서
(B) 학생이 이수한 물리학 수업의 과목명을 말하기 위해서
(C) 학생이 현재 듣고 있는 수업이 너무 어렵다는 것을 설명하기 위해서
(D) 물리학을 듣는 것의 중요성을 강조하기 위해서

🦉 학생은 교수에게 수업이 이렇게까지 어려울 거라고 예상하지 못해서 놀랐다(I'm just a bit surprised because I didn't expect the class to be so hard)고 말합니다. 그 이유는 학생이 지난 학기 물리학 개론을 이수했고(last semester, I completed Fundamentals of Physics), 그 수업이 꽤 쉬워서 학생은 이 수업에서 문제가 있을 거라곤 예상하지 못했다(the class was pretty easy. So, I didn't expect to have a problem in this one)고 말하는 것에서 알 수 있습니다. 학생은 물리학 개론(Fundamentals of Physics)을 언급함으로써 현재 자신이 듣고 있는 수업이 예상했던 것보다 너무 어렵다는 것을 설명하고 있습니다.

유형 1
유형 2
유형 3
유형 4
유형 5

5. 추론 및 목적 파악하기 203

5. 추론 및 목적 파악하기 Inference & Purpose 유형

[07~08]

I'm sure / most of you think of the Renaissance as a period / when great works of art were produced. Well, / this is true... But what you might not know is / that during the Renaissance, / there was a lot of interest in art restoration as well. Basically, / there were two groups of artists. Each had very different ideas / about the best way / to restore old works of art. ⁰⁷Today we are going to look at these two different approaches / to art restoration.

⁰⁸The first group was concerned with the appearance of the restored piece of art. They used modern materials or methods / to make an old work of art beautiful. For example, / they would repaint a faded painting / using bright colors, / or, um, reconstruct the missing parts of a statue.

Now the second group, / which included Michelangelo, / had a very different approach. They believed / that every effort should be made / to keep old works of art / in their original condition. I guess / you could say / that they thought / art conservation was most important. They would clean the art, / maybe reattach broken fragments... / but they wouldn't do anything / that would significantly change the art piece.

전 여러분 대부분이 르네상스를 위대한 예술 작품들이 만들어진 시기로 생각할 것이라고 확신합니다. 음, 그건 사실입니다… 그러나 여러분이 아마 알지 못하는 것은 르네상스 동안, 예술 작품의 복원에도 또한 많은 관심이 있었다는 것입니다. 기본적으로, 두 그룹의 예술가들이 있었습니다. 각각은 오래된 예술 작품들을 복원 하기 위한 최선의 방법에 대해 아주 다른 생각을 갖고 있었습니다. ⁰⁷오늘 우리는 예술 작품의 복원에 대한 두 가지 다른 접근법에 대해 살펴 볼 것입니다.

⁰⁸첫 번째 그룹은 복원된 예술 작품의 외관에 관심을 두었습니다. 그들은 오래된 예술 작품을 아름답게 만들기 위해 현대적 재료나 방법들을 사용했습니다. 예를 들어, 그들은 밝은 색을 사용하여 바랜 그림을 다시 칠하거나, 음, 상의 사라진 부분을 복원했습니다.

자, Michelangelo를 포함한 두 번째 그룹은 매우 다른 접근을 하였습니다. 그들은 모든 노력이 오래된 예술 작품들을 원래 상태로 유지하도록 애쓰는 데 있다고 믿었습니다. 제 생각에 여러분은 그들이 예술 작품의 보존을 가장 중요하게 여겼다고 말할 수 있을 것 같습니다. 그들은 예술 작품을 깨끗하게 하고, 아마 깨진 조각들을 다시 붙이기도 했겠지요… 하지만 그들은 예술 작품을 중대하게 변화시키는 어떤 것도 하지 않았습니다.

정답·해석·해설

07 What does the professor mainly discuss?

(A) The methods used to repair works of art from the Renaissance
(B) The differences between two Renaissance methods of art restoration
(C) The importance of Renaissance artists to the development of art
(D) The different types of art produced during the Renaissance

교수는 주로 무엇에 대해 논의하는가?

(A) 르네상스부터 예술 작품을 수리하는 데 사용된 방법
(B) 르네상스 시기에 존재했던 두 예술 작품 복원 방법의 차이점
(C) 예술 발달에 있어서 르네상스 예술가들의 중요성
(D) 르네상스 동안 만들어진 다양한 종류의 예술 작품

중심 내용임을 알려주는 표시어 "Today we are going to look at ~" 이하에서 교수는 예술 작품 복원의 두 가지 다른 접근법(two different approaches to art restoration)에 대해서 이야기 할 것임을 알 수 있습니다.

08 What can be inferred about the artists in the first group?

(A) They did not think it was necessary to maintain the art's original style.
(B) They were not as knowledgeable about old art as the second group.
(C) They were not likely to clean the works of art they restored.
(D) They cared about the origin of the art they restored.

첫 번째 그룹의 예술가들에 대해 추론할 수 있는 것은 무엇인가?

(A) 그들은 예술 작품의 원래 상태를 유지하는 것이 필수적이라고 생각하지 않았다.
(B) 그들은 두 번째 그룹만큼 오래된 예술 작품에 대해 정통하지 못했다.
(C) 그들은 그들이 복원한 예술 작품들을 깨끗이 하지 않은 경향이 있다.
(D) 그들은 그들이 복원한 예술 작품의 원래 모습에 신경썼다.

교수는 첫 번째 그룹의 예술가들이 밝은 색을 사용하여 바랜 그림을 다시 칠하거나 상의 사라진 부분을 복원했다(repaint a faded painting using bright colors, or, um, reconstruct the missing parts of a statue)고 말합니다. 이를 통해 예술 작품의 원래 상태를 유지하는 것보다는 복원하는 것에 신경 썼음을 알 수 있습니다.

5. 추론 및 목적 파악하기 Inference & Purpose 유형

[09~10]

Shall we start? To continue our discussion on human development, ⁰⁹I just want to point out that there are some rules about human development, and we call them the principles of human development. That's what we will look at today.

Um... some people think that humans stop developing at a certain point in time. But this isn't true. This is the first principle / that human development continues throughout the lifespan of the adult, at birth and even up to his 70s or 80s.

¹⁰The, um, second principle is that different types of development occur at different stages. I'm not saying the right leg grows faster than the left leg in children... or the legs grow faster than the arms. Let's take a teenage boy as an example. Physically, he may look like an adult. But when we observe his behavior, we see that he is still just a teenager, not an adult. Like...he has a poster of a sports hero or a rock band on the wall of his room. So... we can see here that mental development happens at a later time than physical development.

주제: 인간 발달의 원리

인간 발달 원리의 구체적 사항

시작할까요? 인간 발달에 대한 우리의 논의를 계속하기 위해서, ⁰⁹인간 발달에 몇 가지 규칙이 있다는 것을 말하고 싶습니다. 그리고 우리는 그것을 인간 발달의 원리라고 부릅니다. 그것이 우리가 오늘 살펴볼 것입니다.

음… 어떤 사람들은 인간이 어떤 시점에서 발달하는 것을 멈춘다고 생각합니다. 그러나 이것은 사실이 아닙니다. 이것이 인간 발달은 한 사람의 전 생애에 걸쳐 지속된다는 첫 번째 원리입니다. 태어날 때부터 심지어 70대, 80대가 될 때까지요.

¹⁰음, 두 번째 원리는 서로 다른 유형의 발달이 다른 단계에서 일어난다는 것입니다. 어릴 때 오른쪽 다리가 왼쪽 다리보다 빨리 자란다거나… 다리가 팔보다 빨리 자란다는 것을 말하려는 게 아닙니다. 한 10대 소년을 예로 들어보죠. 신체적으로, 그는 어른처럼 보일지도 모릅니다. 그러나 그의 행동을 관찰했을 때, 우리는 그가 어른이 아니라, 여전히 10대임을 알 수 있습니다. 방 벽에 스포츠 영웅이나 락 밴드의 포스터를 붙여놓는 것 같은 행동 말이에요. 그래서… 여기서 우린 정신적 발달이 신체적 발달보다 더 늦은 시기에 일어난다는 것을 알 수 있습니다.

정답·해석·해설

09 What does the professor mainly discuss?

(A) Behavioral changes in humans as they grow
(B) The principles of development in humans
(C) The differences in rates of human development
(D) The changing lifespan of human beings

교수는 주로 무엇에 대해 논의하는가?

(A) 인간이 성장함에 따른 행동 변화
(B) 인간 발달의 원리
(C) 인간 발달 속도의 차이
(D) 인간의 변화하는 수명

중심 내용임을 알려주는 표시어 "I just want to point out that ~" 이하에서 교수는 인간 발달의 원리(the principles of human development)에 대해서 논의하고 있음을 알 수 있습니다.

10 Why does the professor talk about a teenage boy?

(A) To compare growth rates in teenagers
(B) To show that boys like sports
(C) To describe physical development in humans
(D) To explain that development does not occur at the same time

교수는 왜 10대 소년을 언급하는가?

(A) 10대들의 성장 속도를 비교하려고
(B) 소년들이 스포츠를 좋아하는 것을 보여주려고
(C) 인간의 신체적 발달을 기술하려고
(D) 발달이 동시에 일어나지 않음을 설명하려고

교수는 신체적으로 어른처럼 보이는 한 10대 소년(a teenage boy)을 언급합니다. 10대 소년을 언급함으로써 서로 다른 유형의 발달이 다른 단계에서 일어난다(different types of development occur at different stages)는 원리를 설명하고 있음을 알 수 있습니다.

실전 연습 1

p. 112

01 (C)	02 (D)	03 (A), (D)	04 (D)	05 (A)	06 (C)	07 (D)	08 (D)	09 (A)

10	Creates the atmosphere	Establishes place and time	Gives information about the characters
Props		√	
Costumes			√
Lighting	√		

11 (C)	12 (A)	13 (D)	14 (C)	15 (B)

[01~05]

Listen to a conversation between a student and a university employee.

W: Hi. I have a problem / with my dorm room.
　안녕하세요 저는 문제가 있어요　　　제 기숙사 방에

M: Oh... That's not because of your window, / right? We fixed it
　아　　　그건 학생의 창문 때문은 아니지요　　　그렇죠
last time.
저희가 저번에 고쳤잖아요

W: Right, / but I tried to open it last night, / and it got stuck inside
　맞아요　　하지만 제가 어제 밤에 그것을 열려고 했어요　　그리고 그게 창에 끼어 버렸어요
the window frame... / and ⁰²when I tried to shut the window, /
　　　　　　　그래서 제가 창문을 닫으려고 하자
it wouldn't move. One of my friends, Bob, / he's a wrestler / and
그게 움직이질 않더라고요　　제 친구들 중 한 명인 밥이　　그는 레슬링 선수에요
he tried to shut the window, / but, just like before, / it was stuck.
그리고 그가 창문을 닫으려고 했어요　　하지만 전과 같이　　그게 끼었더라구요

M: You were trying to open the window / in wintertime?
　학생은 창문을 열려고 했어요　　　겨울철에

W: The heat doesn't spread evenly / in my room. My side of the
　열기가 고르게 퍼지지 않아요　　제 방에는　　방의 제 쪽이 더워서
room is hot, / so my roommate and I are always trying to
　　　　그래서 제 룸메이트와 저는 항상 창문을 열려고 하는 거에요
open the window...

M: Oh, / so that's why you tried to open the window.
　아　　　　그래서 학생이 창문을 열려고 했군요

W: ⁰¹/⁰⁴Yes, / but the reason I am here / is not because of the
　　네　　그런데 제가 여기 있는 이유는　　창문 때문이 아니에요

학생과 대학 직원 사이의 대화를 들으시오.

W: 안녕하세요. 제 기숙사 방에 문제가 있어요.

M: 아… 창문 때문은 아니지요, 그렇죠? 저희가 저번에 고쳤잖아요.

W: 맞아요, 하지만 제가 어제 밤에 열려고 했는데, 그게 창틀에 끼어 버렸어요… 그래서 ⁰²창문을 닫으려고 하자, 움직이질 않더라고요. 제 친구들 중 한 명이자 레슬링 선수인 밥이 창문을 닫아보려고 했지만, 역시 끼었더라구요.

M: 겨울철에 창문을 열려고 했어요?

W: 제 방에는 열기가 고르게 퍼지지 않아요. 방의 제 쪽이 더워서 제 룸메이트와 저는 항상 창문을 열려고 하는 거에요…

M: 아, 그래서 창문을 열려고 했군요.

W: ⁰¹/⁰⁴네, 그런데 제가 여기 온 이유는 창문 때문이 아니에요. 라디에이터 때문이에요. ⁰³그게 방을 너무 덥게 만들어요… 그리고 라디에이터에서 바로 바닥으로 물이 자꾸 새요… 그리고 물에는 녹이 있어요.

M: 아… 녹은 좋지 않아요. 그래서 학

정답 · 해석 · 해설

window. It's because of the radiator. ⁰³It heats up the room
그것은 라디에이터 때문이에요   그게 방을 너무 덥게 만들어요
too much... / and water keeps leaking out of the radiator / right
           그리고 라디에이터에서 물이 자꾸 새요
onto the floor... / and the water is rusty.
바로 바닥으로   그리고 물에는 녹이 있어요

M: Oh... / rust isn't good. So you've been sleeping in a room /
    아   녹은 좋지 않아요   그래서 지금까지 학생은 방에서 잤다는 거지요
where the radiator doesn't work properly?   학생의 용건
라디에이터가 제대로 작동되지 않는   고장난 라디에이터를 수리하려고

W: Yeah. That's / why I came here. I don't think / I can sleep
   네   그게 ~에요   제가 여기 온 이유   전 생각하지 않아요   또 하루를 잘 수 있을 거라고
another day / in that room. So... / how long will it take to fix it?
          그 방에서   그래서 말인데   그걸 고치려면 얼마나 걸릴까요

M: Well, / the window isn't a problem, / but the radiator will take a
   음   창문은 문제가 되지 않아요   하지만 라디에이터는 시간이 조금 더 걸릴 거에요
little more time. It's hard / to fix dormitory radiators / because
       어려워요   기숙사 라디에이터를 고치는 것이   직원의 반응
they're all so old. Maybe we'll install a new one.   라디에이터를
그것들이 다 너무 낡았기 때문에   어쩌면 우린 새로운 걸 설치할 수도 있겠네요   고치거나 새것을 설치
I'll take a look at it / and get a new one / if the old one can't be
제가 한번 볼게요   그리고 새 것을 구해볼게요   만약 낡은 걸 고칠 수 없으면
fixed. Um... / could you stop by here after lunch? I'll let you
       음   점심 시간 이후에 여기 들를 수 있나요
know then.
제가 그때 학생에게 알려 줄게요

W: Could you give me some idea now? ⁰⁵I'm calling my friend /
   지금 제게 대충 알려주시면 안되나요   전 친구에게 전화하려구요
who lives off-campus. I want to ask / whether I can stay over
캠퍼스 밖에 사는   저는 물어보고 싶어요   제가 그녀의 집에서 지내도 되는지
at her place... / and I'd like to be able to tell her / how many days.
           그리고 저는 그녀에게 말해 줄 수 있었으면 좋겠어요   며칠인지

M: Uh... / today's Friday, / so I guess / you may have to stay at her
    아   오늘은 금요일이에요   그래서 저는 짐작해요   학생은 월요일까지 그녀의
house until Monday. Well, / to play it safe / why don't you tell
집에서 지내야 할 것 같다고   음   안전하게
her four days?
4일이라고 그녀에게 알려주는 건 어때요

W: OK, / thanks.
   네   고맙습니다

생은 지금까지 라디에이터가 제대로 작동되지 않는 방에서 잤다는 거지요?

W: 네. 그게 제가 여기 온 이유에요. 전 그 방에서 또 하루를 잘 수 없을 것 같아요. 그래서 말인데… 그걸 고치려면 얼마나 걸릴까요?

M: 음, 창문은 문제가 되지 않지만, 라디에이터는 시간이 조금 더 걸릴 거에요. 기숙사 라디에이터들이 다 너무 낡았기 때문에 고치는 것이 어려워요. 어쩌면 새로운 걸 설치할 수도 있겠네요. 제가 한번 보고 낡은 걸 고칠 수 없으면 새 것을 구해볼게요. 음… 점심 시간 이후에 여기 들를 수 있나요? 그때 알려줄게요.

W: 지금 대충 알려주시면 안되나요? ⁰⁵캠퍼스 밖에 사는 친구에게 전화하려구요. 그녀의 집에서 지내도 되는지 물어보고 싶어요… 그리고 며칠 동안 지낼지도 그녀에게 알려줄 수 있었으면 좋겠어요.

M: 아… 오늘이 금요일이니까, 제 짐작으로는 월요일까지 그녀의 집에서 지내야 할 것 같아요. 음, 넉넉하게 4일이라고 그녀에게 알려주는 건 어때요?

W: 네, 고맙습니다.

실전 연습 1 **209**

실전 연습 1

01 Why does the student go to see the university employee?

(A) To complain about a broken window
(B) To request a transfer to another dorm
(C) To ask to have the radiator fixed
(D) To inquire about an extra dorm key

학생은 왜 대학 직원을 찾아 가는가?

(A) 깨진 창문에 대해 불평하기 위해
(B) 다른 기숙사로 옮겨달라고 요청하기 위해
(C) 라디에이터를 고쳐달라고 부탁하기 위해
(D) 여분의 기숙사 키에 관해 묻기 위해

중심 내용임을 알려주는 표시어 "It's because of ~" 이하에서 학생은 라디에이터(the radiator) 때문에 직원을 찾아왔음을 알 수 있습니다.

02 Why does the student mention her friend Bob?

(A) To explain that Bob repaired the window
(B) To give an example of a dorm room problem
(C) To talk about Bob's talent at wrestling
(D) To emphasize that the window still needs fixing

학생은 왜 자신의 친구 Bob을 언급하는가?

(A) Bob이 창문을 고쳤다는 것을 설명하기 위해
(B) 기숙사 방의 문제에 대한 예를 보여주기 위해
(C) 레슬링에서의 Bob의 재능에 대해 이야기하기 위해
(D) 창문이 여전히 수리가 필요하다는 것을 강조하기 위해

학생은 창틀에 낀 창문을 닫아보려고 시도했으나 움직이지 않았고(when I tried to shut the window, it wouldn't move) 레슬링 선수인 자신의 친구 Bob에게까지 부탁을 했으나 역시 끼어있었다(One of my friends, Bob, he's a wrestler and he tried to shut the window, but, just like before, it was stuck)고 말합니다. 친구 Bob을 언급함으로써 창문이 여전히 수리가 필요하다는 것을 강조하고 있습니다.

03 What two problems does the student's radiator have?
Choose 2 answers.

(A) It makes the room too hot.
(B) It cannot be turned on.
(C) It makes too much noise.
(D) Water trickles from it.

학생의 라디에이터의 두 가지 문제점은 무엇인가? 2개의 답을 고르시오.

(A) 방을 너무 뜨겁게 만든다.
(B) 켜지지 않는다.
(C) 너무 심한 소음을 낸다.
(D) 물이 뚝뚝 떨어진다.

학생의 말에서 라디에이터의 2가지 문제점은 방을 너무 덥게 만든다(It heats up the room too much)는 것과 물이 계속해서 샌다(water keeps leaking out of the radiator)는 것임을 알 수 있습니다.

04 Listen again to a part of the conversation. Then answer the question.

W: Yes, but the reason I am here is not because of the window. It's because of the radiator. It heats up the room too much... and water keeps leaking out of the radiator right onto the floor...and the water is rusty.
M: Oh...rust isn't good. So you've been sleeping in a room where the radiator doesn't work properly?

Why does the man say this:
M: Oh...rust isn't good.

(A) To agree that there is too much rust on the dormitory radiators
(B) To warn the student not to turn on the radiator
(C) To verify what the student thinks about the rust
(D) To affirm that something is wrong with the radiator

대화의 일부를 다시 듣고 질문에 답하시오.

W: 네, 그런데 제가 여기 온 이유는 창문 때문이 아니에요. 라디에이터 때문이에요. 그게 방을 너무 덥게 만들어요… 그리고 라디에이터에서 바로 바닥으로 물이 자꾸 새요… 그리고 물에는 녹이 있어요.
M: 아… 녹은 좋지 않아요. 그래서 학생은 지금까지 라디에이터가 제대로 작동되지 않는 방에서 잤다는 거지요?

남자는 왜 이렇게 말하는가:
M: 아… 녹은 좋지 않아요.

(A) 기숙사 라디에이터에는 녹이 너무 많다는 것에 동의하기 위해
(B) 라디에이터를 켜지 말라고 학생에게 경고하기 위해
(C) 학생이 녹에 대해서 어떻게 생각하는지 확인하기 위해
(D) 라디에이터에 뭔가 문제가 있다고 단언하기 위해

다시 들려주는 말 이전에 학생은 라디에이터에서 바로 바닥으로 물이 새며 물에는 녹이 있다(water keeps leaking out of the radiator right onto the floor...and the water is rusty)고 말합니다. 이에 대해 남자는 녹은 좋지 않다(rust isn't good)고 말합니다. 이와 같은 문맥을 통해 남자는 라디에이터에 문제가 생겼음을 단언하고 있음을 알 수 있습니다.

05 What can be inferred about the student's calling her friend?

(A) She thinks it will take time to have the radiator fixed.
(B) She is considering moving in with her friend.
(C) She has not seen her friend in a long time.
(D) She believes her friend can fix the radiator.

학생이 친구에게 전화하는 것에 대해서 추론할 수 있는 것은 무엇인가?

(A) 그녀는 라디에이터를 고치는 데 시간이 걸릴 거라고 생각한다.
(B) 친구네 집으로 이사가서 같이 사는 것을 고려하고 있다.
(C) 그녀는 친구를 오랫동안 보지 못했다.
(D) 그녀는 친구가 라디에이터를 고칠 수 있을 것이라 믿는다.

학생은 캠퍼스 밖에 사는 친구에게 전화를 해서 그녀의 집에서 지내도 되는지 물어보고 며칠 동안 지낼지도 알려주고 싶다(I'm calling my friend who lives off-campus. I want to ask whether I can stay over at her place...and I'd like to be able to tell her how many days)고 합니다. 이를 통해 학생은 라디에이터를 고치는 데 시간이 걸릴 것이라고 생각하고 있음을 유추할 수 있습니다.

실전 연습 1

[06~10]

Listen to part of a lecture on art. The professor is discussing stage design.

예술 강의의 일부를 들으시오. 교수는 무대디자인에 관해 논의합니다.

Have any of you ever seen a play or a musical in a theater? Well... / in any stage production, / stage design is very important / because it helps to tell the story. It also makes the play or the musical / more appealing to the audience. ⁰⁶So... / what we'll be discussing today / are three important parts of stage design.

주제: 무대디자인의 세 가지 요소

여러분 중 누구 극장에서 연극이나 뮤지컬을 본 적 있나요? 음… 어느 무대 제작에서라도, 무대디자인은 스토리를 말해주는데 도움을 주기 때문에 아주 중요합니다. 또한 이것은 연극이나 뮤지컬을 관객에게 더 매력적으로 만들어줍니다. ⁰⁶그래서… 오늘 우리가 논의할 것은 무대디자인의 중요한 세 가지 요소입니다.

¹⁰First, / the stage design includes the props. These are things like the furniture, / the scenery at the back of the stage... Props give the audience / an idea of the location and the period. ⁰⁷They have to be chosen carefully / because they can make the setting look convincing or fake. If they don't support the story, / the audience will have a hard time believing it. ⁰⁸This means / that the people / who design the props / must first read the script / and then do research. They'll visit museums, / read history books and documents, / look at old pictures and drawings... / and then they'll design the set.

첫 번째 요소: 소도구

¹⁰첫째, 무대디자인은 소도구를 포함합니다. 이것들은 가구, 무대 뒤의 배경 같은 것들입니다… 소도구는 관객에게 장소와 시대에 관한 아이디어를 줍니다. ⁰⁷그것들은 무대 배경을 설득력 있게 하거나 또는 가짜로 보이도록 할 수 있기 때문에 신중하게 선택되어져야 합니다. 만약 그것들이 스토리를 뒷받침하지 못한다면, 관객은 그것을 믿는 데 어려움을 겪게 될 것입니다. ⁰⁸이는 소도구를 디자인하는 사람들이 반드시 먼저 대본을 읽은 후 조사를 해야 함을 의미합니다. 그들은 박물관을 방문하고, 역사책과 문서를 읽고, 오래된 사진과 그림을 살펴볼 것입니다… 그리고 난 후 그들은 무대를 디자인 할 것입니다.

¹⁰The second is the costumes. The costumes let you know something about the characters. It portrays the characters' age, gender, social class, personality and so on. ⁰⁹Of course, / designing the costumes / requires a lot of research as well.

¹⁰두 번째는 의상입니다. 의상은 여러분에게 등장인물에 관한 것을 알려줍니다. 이것은 등장인물의 나이, 성별, 사회적 지위, 성격 등을 묘사합니다. ⁰⁹물론, 의상을 디자인하는 것 또한 많은 조사를 필요로 합니다. 사용되었던 옷감, 색깔, 디자인, 그리고 모자나 신발 등의 악세서리 같은 것 말이에요…

정답 · 해석 · 해설

Things like the fabrics used, the colors, the designs, / and the
사용되었던 옷감, 색깔, 디자인 같은 것 말이에요
accessories, you know, hats, shoes... / all of these have to be
그리고 모자나 신발 등의 악세서리   이러한 모든 것들이 고려되어야 합니다
considered. It would look strange / if an actor wore glasses /
    이상하게 보일 거예요   만약 배우가 안경을 쓰고 있다면
when the play is about ancient Rome.
연극이 고대 로마에 관한 것일 경우   두 번째 요소
                                                : 의상

¹⁰And finally, / lighting. Well... / this is very important / because
그리고 마지막으로   조명입니다   음   이것은 아주 중요합니다
it provides visibility. It can also set the mood / of the play or
이것이 가시성을 제공하기 때문에   이것은 또한 분위기를 조성할 수 있습니다   연극이나 뮤지컬의
musical. Today, / modern lighting is very advanced. It can make
       오늘날   현대 조명은 아주 진보되었습니다
the stage look sunny or cloudy... / it can focus on certain parts of
이것은 무대를 밝게 또는 흐리게 만들 수 있습니다   이것은 무대의 특정 부분에 초점을 맞출 수도 있습니다
a stage / or on just one performer. It can brighten up the whole
        또는 한 연기자에게만   이것은 전체 무대를 밝게 할 수 있습니다
stage / and yet keep the audience area completely dark.
                                                        세 번째 요소
       그러나 관객석은 완전히 어둡도록 유지할 수 있습니다   : 조명

이러한 모든 것들이 고려되어야 합니다. 연극이 고대 로마에 관한 것일 경우 배우가 안경을 쓰고 있다면 이상하게 보일 거예요.

¹⁰그리고 마지막으로, 조명입니다. 음... 이것은 가시성을 제공하기 때문에 아주 중요합니다. 이것은 또한 연극이나 뮤지컬의 분위기를 조성할 수 있습니다. 오늘날, 현대 조명은 아주 진보되었습니다. 조명은 무대를 밝게 또는 흐리게 만들 수 있습니다... 무대의 특정 부분이나 한 연기자에게만 초점을 맞출 수도 있죠. 조명은 관객석은 완전히 어둡도록 유지하면서 무대 전체를 밝게 할 수 있습니다.

06 What does the professor mainly discuss?

(A) Making a play or a musical
(B) Choosing costumes for a play
(C) The three features of stage design
(D) The lighting used on a stage

교수는 주로 무엇에 관해 논의하는가?

(A) 연극이나 뮤지컬을 만드는 것
(B) 연극을 위한 의상을 선택하는 것
(C) 무대디자인의 세 가지 요소
(D) 무대에서 사용된 조명

중심 내용임을 알려주는 표시어 "what we'll be discussing today are ~" 이하에서 교수는 무대디자인의 중요한 세 가지 요소(three important parts of stage design)에 대해 논의하고 있음을 알 수 있습니다.

실전 연습 1

07 According to the lecture, what can be inferred about the props used on a stage set?

(A) They come from the stage designer's imagination.
(B) They are genuine items borrowed from museums.
(C) They are designed to have a modern appearance.
(D) They are designed to look as real as possible.

강의에 따르면, 무대에 사용된 소도구에 대해서 추론할 수 있는 것은 무엇인가?

(A) 그것들은 무대 디자이너의 상상으로부터 나온다.
(B) 그것들은 박물관으로부터 빌려온 진짜 물건들이다.
(C) 그것들은 현대적인 외관을 갖도록 디자인 된다.
(D) 그것들은 가능한 한 실제처럼 보이도록 디자인 된다.

교수는 소도구가 무대 배경을 설득력 있게 하거나 가짜로 보이도록 할 수 있기 때문에 신중하게 선택되어져야 한다(They have to be chosen carefully because they can make the setting look convincing or fake)고 말하며, 만약 소도구가 스토리를 뒷받침해주지 못하면 관객이 스토리를 믿는 데 어려움을 겪게 될 것(If they don't support the story, the audience will have a hard time believing it)이라고 말합니다. 이를 통해 소도구가 가능한 한 실제와 가깝게 디자인되어야 함을 유추할 수 있습니다.

08 According to the lecture, what does a stage designer do before creating the props?

(A) Brainstorm ideas for the stage
(B) Find out what props other plays used
(C) Ask the producers what props to use
(D) Do research on the setting

강의에 따르면, 소도구를 만들기 전에 무대 디자이너는 무엇을 하는가?

(A) 무대에 대한 아이디어를 브레인스토밍 하기
(B) 다른 연극에서 사용된 소도구가 무엇인지 알아내기
(C) 어떤 소도구를 사용할 지 제작자에게 물어보기
(D) 무대 배경에 관해 조사하기

교수의 말에서 소도구를 디자인하는 사람은 먼저 대본을 읽고 조사를 해야 함(the people who design the props must first read the script and then do research)을 알 수 있습니다.

정답·해석·해설

09 Listen again to a part of the lecture. Then answer the question.

P: Of course, designing the costumes requires a lot of research as well. Things like the fabrics used, the colors, the designs, and the accessories, you know, hats, shoes...all of these have to be considered. It would look strange if an actor wore glasses when the play is about ancient Rome.

Why does the professor say this:
P: It would look strange if an actor wore glasses when the play is about ancient Rome.

(A) To give an example of the need for research
(B) To introduce a new idea about stage design
(C) To check if the students are familiar with ancient Rome
(D) To encourage the students to make comments

강의의 일부를 다시 듣고 질문에 답하시오.

P: 물론, 의상을 디자인하는 것 또한 많은 조사를 필요로 합니다. 사용되었던 옷감, 색깔, 디자인, 그리고 모자나 신발 등의 액세서리 같은 것 말이에요… 이러한 모든 것들이 고려되어야 합니다. 연극이 고대 로마에 관한 것일 경우 배우가 안경을 쓰고 있다면 이상하게 보일 거예요.

교수는 왜 이렇게 말하는가:
P: 연극이 고대 로마에 관한 것일 경우 배우가 안경을 쓰고 있다면 이상하게 보일 거예요.

(A) 조사의 필요성에 대한 예를 주려고
(B) 무대디자인에 대한 새로운 아이디어를 소개하려고
(C) 학생들이 고대 로마와 친숙한지 확인하려고
(D) 학생들이 의견을 말하도록 격려하려고

> 다시 들려주는 말 이전에 교수는 의상을 디자인하는 것 역시 많은 조사가 필요하다(designing the costumes requires a lot of research as well)고 말합니다. 그런 후 교수는 연극이 고대 로마에 관한 것일 경우 배우가 안경을 쓰고 있다면 이상하게 보일 것(It would look strange if an actor wore glasses when the play is about ancient Rome)이라고 말합니다. 이와 같은 문맥을 통해 교수는 조사의 필요성에 대한 예를 들고 있음을 알 수 있습니다.

10 The professor describes the three factors involved in stage design. Match each of the factors with the descriptions in the columns.

	Creates the atmosphere	Establishes place and time	Gives information about the characters
Props		✓	
Costumes			✓
Lighting	✓		

교수는 무대디자인과 관련된 세 가지 요소에 대해 설명합니다. 각 요소들을 보기의 설명과 일치시키세요.

	분위기를 조성	장소와 시간을 설정	등장인물에 대한 정보를 제공
소도구		✓	
의상			✓
조명	✓		

> 교수는 무대 디자인의 중요한 세 가지 요인(three important parts of stage design)에 대해서 설명하고 있습니다. 그 각각에 대한 설명은 분류를 나타내는 표시어들을 통해 알 수 있습니다. 첫째(First)로 소도구는 장소와 시대에 관한 아이디어를 준다(Props give the audience an idea of the location and the period)고 하며, 두 번째(The second)로 의상은 등장인물에 관한 것을 알려준다(The costumes let you know something about the characters)고 하며, 마지막으로 (finally) 조명은 분위기를 조성한다(It can also set the mood)고 이야기 합니다.

실전 연습 1

[11~15]

Listen to part of a lecture on biology. The professor is discussing the albatross.

P: So... / the last time we met, / we talked about the general characteristics of the seabird / known as the albatross. Today, / I want to focus on a certain type of albatross. Have you ever heard of the wandering albatross? This is a bird / that can travel very long distances. ¹¹So... / I'll be discussing this bird's ability to fly.

The wandering albatross is a real traveler. ¹²It can sometimes spend months in the air... / traveling very long distances / in search of food. According to one source, / one bird flew a distance of six thousand kilometers / without a break. Would you ever go that far / to get some food?

S: Not me. I wouldn't even think of going to the cafeteria. It's just too far away for me.

P: Ha-ha-ha... OK, / anyhow, / how is it able to travel so far? ¹³Well, / if you look at the wingspans of these birds, / they reach as much as 3.4 meters. That's 11 feet. I guess / the tallest guy here is about six feet, / but when the wandering albatross spreads its wings, / it's five feet longer than he is. ¹⁴Their wings have a special mechanism, / and this makes it possible for them / to cover very long distances...

생물학 강의의 일부를 들으시오. 교수는 알바트로스에 관해 논의합니다.

P: 자... 지난 시간 우리가 만났을 때, 우리는 알바트로스라고 알려진 바닷새의 일반적인 특성에 관해 이야기 했습니다. 오늘, 저는 한 특정한 종류의 알바트로스에 초점을 맞추어보고 싶습니다. 누구 방랑하는 알바트로스에 대해서 들어본 적 있나요? 이것은 아주 긴 거리를 이동할 수 있는 새 입니다. ¹¹그래서... 저는 이 새의 비행 능력에 대해서 논의할 것입니다.

방랑하는 알바트로스는 진정한 여행자입니다. ¹²이것은 때때로 공중에서 몇 달을 보낼 수도 있어요... 먹이를 찾기 위해 아주 긴 거리를 이동하면서 말이죠. 한 자료에 따르면, 어떤 새는 휴식 한 번 없이 6,000km의 거리를 날았다고 합니다. 여러분은 음식을 구하기 위해 그렇게 멀리까지 가겠나요?

S: 전 아니에요. 전 카페테리아에 갈 생각 조차도 안 하는 걸요. 저한텐 그저 너무 멀거든요.

P: 하하하... 자, 어쨌든, 어떻게 그렇게 멀리까지 이동할 수 있을까요? ¹³음, 이 새들의 날개 폭을 살펴보면, 그것은 3.4미터에 이릅니다. 그것은 11피트죠. 제 생각엔 여기서 가장 큰 남학생이 대략 6피트일 것 같은데, 방랑하는 알바트로스가 날개를 펼치면, 그 학생보다 5피트가 더 깁니다. ¹⁴그들의 날개에는 특별한 구조가 있어서, 이것이 아주 긴 거리를 날 수 있도록 해줍니다...

자, 제가 어떤 새는 6,000km를 날았다고 말했죠. 흥미로운 것은... South Georgia의 섬에 사는 특정한 종이 있는데, ¹⁵그것들은 먹이를 구하기 위해 본거지에서 southern

정답 · 해석 · 해설

Now I mentioned / that one bird flew six thousand kilometers.
자 제가 말했죠   어떤 새는 6,000km를 날았다고
What's interesting is... / there's a certain species / which resides
흥미로운 것은   특정한 종이 있습니다
on the islands of South Georgia, / and ¹⁵they make the round
South Georgia의 섬에 사는   그리고 그들은 왕복 여행을 합니다
trip / from their home base to southern Brazil / to get food.
       그들의 본거지에서 southern Brazil까지   먹이를 구하기 위해
One round-trip takes several days, / and then they return home
한 번의 왕복 여행은 몇 일이 걸립니다   그리고 그 후 그들은 그들 가족의 집으로 돌아옵니다
to their families / with the food / they've caught.
                    먹이를 가지고   그들이 구한
S: Wow... / that's a lot of hard work / just to get food for a family.
와우   그건 엄청나게 힘든 일이네요   단지 가족을 위해 먹이를 구하는 것이

Brazil까지 왕복 여행하기도 합니다. 한 번의 왕복 여행은 몇 일이 걸리고, 그 후 그들은 구한 먹이를 가지고 가족의 집으로 돌아옵니다.
S: 와우… 단지 가족을 위해 먹이를 구하는 것이 엄청나게 힘든 일이네요.

11 What does the professor mainly discuss?

(A) The general characteristics of seabirds
(B) Types of birds that migrate long distances
(C) The flying capacity of the wandering albatross
(D) The number of kilometers an albatross can travel

교수는 주로 무엇에 관해 논의하는가?

(A) 바다새의 일반적인 특성
(B) 긴 거리를 이동하는 새들의 종류
(C) 방랑하는 알바트로스의 비행 능력
(D) 알바트로스가 이동할 수 있는 킬로미터 수

중심 내용임을 알려주는 표시어 "I'll be discussing ~" 이하에서 교수는 알바트로스의 비행 능력(this bird's ability to fly)에 대해 논의하고 있음을 알 수 있습니다.

실전 연습 1 217

실전 연습 1

12 Listen again to a part of the lecture. Then answer the question.

P: It can sometimes spend months in the air...traveling very long distances in search of food. According to one source, one bird flew a distance of six thousand kilometers without a break. Would you ever go that far to get some food?

Why does the professor say this:
P: Would you ever go that far to get some food?

(A) To point out that the albatross has a particular behavior
(B) To explain the reasons albatrosses do not search for food close by
(C) To verify what the students know about wandering albatrosses
(D) To indicate a reason that food can be difficult to find

강의의 일부를 다시 듣고, 질문에 답하시오.

P: 이것은 때때로 공중에서 몇 달을 보낼 수 도 있어요… 먹이를 찾기 위해 아주 긴 거리를 이동하면서 말이죠. 한 자료에 따르면, 어떤 새는 휴식 한 번 없이 6,000km의 거리를 날았다고 합니다. 여러분들은 음식을 구하기 위해 그렇게 멀리까지 가겠나요?

교수는 왜 이렇게 말하는가:
P: 여러분들은 음식을 구하기 위해 그렇게 멀리까지 가겠나요?

(A) 알바트로스에게 특이한 습성이 있다는 것을 지적하기 위해
(B) 알바트로스가 근처에서 먹이를 찾지않는 이유를 설명하기 위해
(C) 학생들이 방랑하는 알바트로스에 대해 무엇을 알고 있는지 확인하기 위해
(D) 먹이를 찾는 것이 힘든 이유를 나타내기 위해

> 다시 들려주는 말 이전에 교수는 알바트로스가 먹이를 구하기 위해 아주 긴 거리를 이동하며(traveling very long distances in search of food), 어떤 새는 6,000km를 날았다(one bird flew a distance of six thousand kilometers)고 말합니다. 이어 교수는 학생들에게 음식을 먹기 위해 그렇게 멀리까지 가겠냐(Would you ever go that far to get some food)고 묻습니다. 이와 같은 문맥을 통해 교수는 알바트로스의 특이한 행동을 지적하고 있음을 알 수 있습니다.

13 Why does the professor mention the tallest guy in the classroom?

(A) To show that albatrosses are about the same height
(B) To provide background for a discussion on albatross weight
(C) To explain the general dimensions of the wandering albatross
(D) To emphasize the length of the albatross's wingspan

교수는 왜 교실에서 가장 큰 남학생을 언급하는가?

(A) 알바트로스가 대략 같은 키임을 보여주기 위해
(B) 알바트로스의 무게에 관한 논의의 배경을 제공하기 위해
(C) 방랑하는 알바트로스의 일반적인 부피를 설명하기 위해
(D) 알바트로스의 날개 폭의 길이를 강조하기 위해

> 교수는 알바트로스의 날개 폭이 3.4미터에 이르며 그것은 11피트(wingspans of these birds, they reach as much as 3.4 meters. That's 11 feet)라고 말합니다. 그리고 여기서 가장 큰 남학생이 대략 6피트이므로, 알바트로스가 날개를 펼치면, 그 학생보다 5피트가 더 길다(the tallest guy here is about six feet, but when the wandering albatross spreads its wings, it's five feet longer than he is)고 말합니다. 수업에서 가장 키가 큰 남학생을 언급함으로써 알바트로스의 날개 폭의 길이를 강조하고 있습니다.

14	What is true of the wings of a wandering albatross? (A) They are made of very powerful muscles. (B) They move separately from other parts of the body. (C) They have a special structure to help them fly far. (D) They have a span of about six feet.	방랑하는 알바트로스의 날개에 관해 올바른 것은 무엇인가? (A) 날개는 아주 강력한 근육으로 만들어졌다. (B) 날개는 몸의 다른 부분과 개별적으로 움직인다. (C) 날개는 그들이 멀리 날 수 있도록 돕는 특별한 구조를 갖고 있다. (D) 날개는 6피트 길이이다.

🦉 교수의 말에서 방랑하는 알바트로스의 날개에는 특별한 구조가 있으며 이것이 알바트로스가 아주 긴 거리를 갈 수 있도록 함(Their wings have a special mechanism, and this makes it possible for them to cover very long distances)을 알 수 있습니다.

15	What can be inferred about the wandering albatross? (A) It prefers to live in the south. (B) It can find its way home. (C) It survives better in cold climates. (D) It becomes stronger when it flies.	방랑하는 알바트로스에 대해서 추론할 수 있는 것은 무엇인가? (A) 남쪽에 사는 것을 좋아한다. (B) 집을 찾아갈 수 있다. (C) 추운 기후에 더 잘 살아남는다. (D) 날 때 더 강해진다.

🦉 교수는 알바트로스가 본거지에서 southern Brazil까지 왕복 여행을 하며(they make the round trip from their home base to southern Brazil), 구한 먹이를 가지고 가족의 집으로 돌아온다(they return home to their families with the food they've caught)고 말합니다. 이를 통해 알바트로스가 집을 찾아갈 수 있음을 유추할 수 있습니다.

실전 연습 2

p. 118

01 (B) 02 (C) 03 (C) 04 (D) 05 (B), (D) 06 (D) 07 (B) 08 (A), (B) 09 (B) 10 (B) 11 (C) 12 (A)
13 (C) – (A) – (B) – (D) 14 (B) 15 (A)

[01~05]

Listen to a conversation between a student and a professor.

S: Professor Palomino? I hope / I'm not disturbing you... / ^{01}but I really need your help / with the assignment you gave us.

P: I guess / you're talking about the book report / I assigned last week.

S: Yes... / that one. Well, / I'm doing mine / on Leo Tolstoy's *The Death of Ivan Ilyich*.

P: That's a very good choice. The story is remarkable... / maybe a little complex... So what part of the assignment / don't you understand?

S: ^{02}I just want to make sure... Am I supposed to write a summary of the story?

P: I guess / you weren't listening / when I gave the assignment. I definitely do not want you to write a summary of the book, / you know, / like chapter 1 is about this, / and chapter 2 is about that... That's not / what I'm looking for.

S: Um... / so what exactly do you want us to do?

학생과 교수 사이의 대화를 들으시오.

S: Palomino 교수님? 제가 교수님을 방해한 게 아니길 바라요... ^{01}그런데 전 교수님이 저희에게 내주신 과제에 관해 정말 도움이 필요해요.

P: 내가 지난 주에 내준 책 보고서에 관해 이야기하고 있다고 생각되는구나.

S: 네... 바로 그거에요. 음, 전 Leo Tolstoy의 'Ivan Ilyich의 죽음'에 대해 쓰고 있어요.

P: 그건 아주 좋은 선택이야. 이야기가 훌륭하지... 아마도 조금 복잡할거야... 그렇다면 과제의 어떤 부분이 이해가 안되니?

S: ^{02}전 그냥 확실하게 하고 싶어서요... 제가 이야기의 요약을 써야 하나요?

P: 내가 과제를 내주었을 때 넌 듣지 않고 있었던 것 같구나. 난 네가 책의 요약을 쓰는 것을 절대로 원하지 않는단다, 있잖니, 챕터1은 이렇고, 챕터2는 저렇고 같은 것... 내가 기대하는 건 그게 아니란다.

S: 음... 그럼 교수님은 저희가 정확히 무엇을 할 원하세요?

P: ^{03}난 이야기에 관해 너희들의 의견을 표현하기를 원한단다... 그래서 약간 독창일 필요가 있어.

S: 음... 교수님은 반 전체가 단지... 그들의 의견을 표현하길 원하는 거세요? 교수님은 전체 이야기에 대

정답·해석·해설

P: ⁰³I want you to express your opinion / about the story... / so you
난 너희들의 의견을 표현하기를 원한단다   이야기에 관해
will need to be a little creative.
그래서 넌 약간 독창적일 필요가 있어

S: Um... / you want the class to just... express their opinion?
음   교수님은 반 전체가 단지 그들의 의견을 표현하길 원하는 거세요
Do you want my opinion / about the whole story?
교수님은 제 의견을 원하시는 건가요   전체 이야기에 대한

P: You know, / you don't have to talk / about the whole story.
음   넌 말할 필요가 없단다   전체 이야기에 대해서
⁰⁵You can say something / about one or two characters in the
넌 그냥 무언가를 말할 수도 있단다   이야기에서 하나 또는 두 등장인물에 관한
story... / you know, what you like / or don't like / about the
말하자면, 네가 좋아하는 것   또는 좋아하지 않는 것
character...
등장인물에 대해

S: ⁰⁴But I'm not sure / if I'm a good judge of character. I mean, /
하지만 전 확신이 서지 않아요   제가 인물들을 잘 판단할 수 있는 사람인지   제 말은
I can't really say / I understand a character / even if I read
저는 정말 말할 수 없어요   제가 등장인물을 이해한다고
about him.
제가 만약 그에 관해 읽었다고 할지라도

P: ⁰⁵Well, / if you don't like talking about the characters, / you could
음   만약 네가 등장인물에 관해 이야기 하는 것이 싫다면
say something / about parts of the plot. Um... / you might
넌 그냥 얘기할 수도 있어   줄거리의 일부분에 대해   음
want to focus on that part of the story / where the character
넌 이야기의 그 부분에 초점을 맞추고 싶을지도 모른단다
seems to accept religion.
등장인물이 종교를 받아들이는 것처럼 보이는

S: OK, / I see what you mean.
네   교수님이 무엇을 의미하는지 알겠어요

> 교수의 조언 1
> 등장인물에 대해 이야기하기

> 교수의 조언 2
> 줄거리의 일부만 이야기하기

한 제 의견을 원하시는 건가요?
P: 음, 전체 이야기에 대해서 말할 필요는 없단다. ⁰⁵넌 그냥 이야기 속 하나 또는 두 등장인물에 관한 무언가를 말할 수도 있단다… 말하자면, 등장인물에 대해 네가 좋아하는 것 또는 좋아하지 않는 것 같은 것 말이야…
S: ⁰⁴하지만 전 제가 인물들을 잘 판단할 수 있는 사람인지 확신이 서지 않아요. 제 말은, 만약 그에 관해 읽었다고 할지라도 제가 정말 등장인물을 이해한다고 말할 수는 없을 것 같아요.
P: ⁰⁵음, 만약 네가 등장인물에 관해 이야기 하는 것이 싫다면, 넌 그냥 줄거리의 일부분에 대해 얘기할 수도 있어. 음… 등장인물이 종교를 받아들이는 것처럼 보이는 부분에 초점을 맞추고 싶을 수도 있어.
S: 네, 무슨 말씀인 줄 알겠어요.

---

01 Why does the student go to see the professor?

(A) To ask about a grade he received
(B) To request advice about a report
(C) To submit an overdue paper
(D) To explain the reason for his absence

학생은 왜 교수를 찾아 가는가?

(A) 학생이 받은 점수에 대해 여쭤보려고
(B) 보고서에 관한 조언을 부탁하려고
(C) 기한이 지난 보고서를 제출하려고
(D) 학생의 결석 이유를 설명하려고

🦉 중심 내용임을 알려주는 표시어 "I really need your help ~" 이하에서 학생은 교수가 내준 보고서(the assignment you gave us)에 관한 조언을 얻기 위해 교수를 찾아왔음을 알 수 있습니다.

실전 연습 2   221

실전 연습 2

02 Listen again to a part of the conversation. Then answer the question.

S: I just want to make sure... Am I supposed to write a summary of the story?
P: I guess you weren't listening when I gave the assignment. I definitely do not want you to write a summary of the book, you know, like chapter 1 is about this, and chapter 2 is about that... That's not what I'm looking for.

What does the professor imply when she says this:
P: I guess you weren't listening when I gave the assignment.

(A) The student should ask his classmates about the assignment.
(B) The student should not expect help from the professor.
(C) The student should know how to do the assignment.
(D) The student should choose a different book to report on.

대화의 일부를 다시 듣고, 질문에 답하시오.

S: 전 그냥 확실하게 하고 싶어요… 제가 이야기의 요약을 써야 하나요?
P: 내 짐작으론 내가 과제를 내주었을 때 넌 듣지 않고 있었던 것 같구나. 난 네가 책의 요약을 쓰는 것을 절대로 원치 않는단다, 있잖니, chapter1은 이렇고, chapter2는 저렇고 같은 것… 내가 기대하는 건 그게 아니란다.

교수는 이렇게 말함으로써 무엇을 의미하는가:
P: 내 짐작으론 내가 과제를 내주었을 때 넌 듣지 않고 있었던 것 같구나.

(A) 학생은 과제에 관해 반 친구들에게 물어봐야 한다.
(B) 학생은 교수로부터 도움을 기대해서는 안 된다.
(C) 학생은 과제를 어떻게 해야 할 지 알아야 한다.
(D) 학생은 보고서를 작성하기 위해 다른 책을 선택해야 한다.

🦉 다시 들려주는 말 이후에 교수는 학생에게 책의 요약을 쓰는 걸 절대로 원하지 않는다(I definitely do not want you to write a summary of the book)고 이야기 합니다. 이어 교수는 학생에게 자신이 과제를 내주었을 때 듣지 않고 있었던 것 같다(I guess you weren't listening when I gave the assignment)고 말합니다. 이와 같은 문맥을 통해 교수는 학생이 책으로 무엇을 해야 할 지 알고 있어야 한다고 의미함을 알 수 있습니다.

03 What does the professor tell the student to do?

(A) Write a brief summary of the book
(B) Avoid discussing the characters of the book
(C) Give his personal views of the book
(D) Describe the author of the book

교수는 학생에게 무엇을 하라고 말하는가?

(A) 책의 간략한 요약을 쓰기
(B) 책의 등장인물을 논하는 것을 피하기
(C) 책에 대한 개인적인 의견을 말하기
(D) 책의 저자에 대해 설명하기

🦉 교수의 말에서 교수는 학생이 이야기에 관한 본인의 의견을 표현하기를 원하는(I want you to express your opinion about the story) 것을 알 수 있습니다.

04 What is the student's attitude toward doing the book report?

(A) He is concerned about not finishing the report on time.
(B) He is worried that he will not understand the story.
(C) He is delighted that he chose a remarkable book.
(D) He is not confident about giving his opinions.

책 보고서를 작성하는 것을 향한 학생의 태도는 어떠한가?

(A) 학생은 보고서를 제 시간에 끝내지 못할 것을 걱정한다.
(B) 학생은 이야기를 이해하지 못할 것을 걱정한다.
(C) 학생은 그가 훌륭한 책을 선택한 것에 기뻐한다.
(D) 학생은 그의 의견을 말하는 것에 자신이 없다.

학생은 보고서를 작성하는 데 등장인물을 잘 판단할 수 있을지 확신이 서지 않는다(I'm not sure if I'm a good judge of character)고 말합니다. 이와 같은 말을 통해 학생은 자신의 의견을 말하는 것에 자신이 없음을 알 수 있습니다.

05 What does the professor suggest the student do?
Choose 2 answers.

(A) Choose a different book
(B) Discuss certain parts of the story
(C) Explain what others think of the book
(D) Talk about some of the characters

교수가 학생에게 제안한 것은 무엇인가?
2개의 답을 고르시오.

(A) 다른 책을 선택하기
(B) 이야기의 특정 부분만을 논의하기
(C) 다른 사람이 책을 어떻게 생각하는지 설명하기
(D) 몇몇의 등장인물에 대해 이야기하기

교수가 학생에게 제안한 2가지는 이야기에서 하나 또는 두 등장인물에 관해 말하라는(You can say something about one or two characters in the story) 것과 줄거리의 일부분에 대해 이야기 하라는(you could say something about parts of the plot) 것임을 알 수 있습니다.

실전 연습 2

[06~10]

Listen to part of a lecture in an art history class.

Well, / I hope / you are all looking forward to our tour of the Inuit art gallery / this afternoon. As you know, / the Inuit have lived in the Arctic / for over a thousand years. However, / modern Inuit art is really different from their older work. Before we leave today, / 06 I want to discuss / how Inuit art has changed over time.

In the past, / Inuit artists didn't create separate pieces of art. Instead, / they decorated, um, functional items... You know, / like tools or weapons. This is / because the Inuit didn't have permanent homes. 07 They were, uh, nomadic hunters / who moved continuously / in search of food. Carrying around pieces of art / would have been too difficult.

However, / at the beginning of the twentieth century, / many Inuit people began to live / in villages and towns. Having a home made it much easier / to store art and other non-functional items. So... / some Inuit artists began to create sculptures with materials / commonly found in the Arctic, / such as bones and stones. Most of these sculptures were small and simple.

In the 1950s and 60s, / Inuit art suddenly became very trendy in Europe. This made it possible / for some Inuit people / to work as full-time artists. As more and more Inuit people began to think of art as a career / rather than a hobby, / their artwork began to change even more. Many artists tried to create sculptures / that would be... profitable. 08The sculptures / that were worth the most money / were usually very large. 08/09In addition, / these sculptures depicted the animals of the Arctic... / polar bears, seals... / you know what I mean. These became the most common types of sculptures / produced by Inuit artists. OK... I think / that's about everything... 10We should get going / or we will be late / for our tour of the gallery.

1950년대와 60년대에, 이뉴잇 예술이 갑자기 유럽에서 최신 유행이 되었어요. 이것은 몇몇 이뉴잇 사람들이 전임 예술가들로 활동하는 것을 가능하게 만들어줬죠. 점점 많은 이뉴잇 사람들이 예술을 취미보다는 직업으로 생각하기 시작하면서, 예술 작품은 더욱 변화하기 시작했어요. 다수의 예술가들은... 이윤이 남는 조각품을 만들려고 노력했습니다. 08가장 값어치가 높은 조각품들은 주로 굉장히 컸어요. 08/09게다가, 이러한 조각들은 북극 동물들을 묘사했어요... 북극곰, 바다표범... 어떤 것들인지 알겠죠. 이것들은 이뉴잇 사람들이 만들어낸 가장 흔한 종류의 조각품이 되었어요.

좋아요... 그게 다인 것 같다는 생각이 드네요... 10이제 출발해야지 아님 미술관 견학에 늦겠어요.

실전 연습 2

06 What is the main topic of the lecture?

(A) The creation of a gallery of Inuit art
(B) Modern Inuit artists
(C) The history of the Inuit people
(D) Changes in Inuit art

강의의 주제는 무엇인가?

(A) 이누잇 미술관의 설립
(B) 현대 이누잇 예술가들
(C) 이누잇 사람들의 역사
(D) 이누잇 예술의 변화

🦉 중심 내용임을 알려주는 표시어 "I want to discuss ~" 이하에서 강의는 이누잇 예술이 어떻게 변해왔는지(how Inuit art has changed)에 관한 것임을 알 수 있습니다.

---

07 According to the professor, why did the early Inuit travel constantly?

(A) They were unable to build houses.
(B) They had to find food.
(C) They lacked tools and weapons.
(D) They wanted inspiration for their art.

교수에 따르면, 왜 초기 이누잇 사람들은 끊임없이 이동을 하였는가?

(A) 그들은 집을 지을 수 없었다.
(B) 그들은 먹을 것을 찾아야 했다.
(C) 그들은 도구와 무기들이 부족했다.
(D) 그들은 예술을 위해 영감이 필요했다.

🦉 교수의 말에서 초기 이누잇 사람들은 음식을 찾기 위해 끊임없이 이동하였음(moved continuously in search of food)을 알 수 있습니다.

---

08 What are the features of the Inuit sculptures that were profitable? Choose 2 answers.

(A) They were very big.
(B) They depicted Arctic animals.
(C) They portrayed the arctic landscape.
(D) They were very simple.

이윤을 남긴 이누잇 조각품의 특징들은 무엇인가? 2개의 답을 고르시오.

(A) 그것들은 매우 컸다.
(B) 그것들은 북극 동물들을 묘사했다.
(C) 그것들은 북극 풍경을 표현했다.
(D) 그것들은 매우 단순했다.

🦉 이윤을 남긴 이누잇 조각품의 2가지 특징은 가장 값어치가 높은 조각품들은 주로 굉장히 컸다(The sculptures that were worth the most money were usually very large)는 것과 북극 동물들을 묘사하고 있었다(these sculptures depicted the animals of the Arctic)는 것입니다.

정답 · 해석 · 해설

09 Listen again to a part of the lecture. Then answer the question.

P: In addition, these sculptures depicted the animals of the Arctic...polar bears, seals...you know what I mean. These became the most common types of sculptures produced by Inuit artists.

Why does the professor say this:
P: You know what I mean.

(A) To determine whether the students understand his point
(B) To indicate that what he has said is common knowledge
(C) To imply that many people are interested in the subject
(D) To indicate that the students should do further research

강의의 일부를 다시 듣고 질문에 답하시오.

P: 게다가, 이러한 조각들은 북극 동물을 묘사했어요… 북극곰, 바다표범… 어떤 것들인지 알겠죠. 이것들은 이뉴잇 사람들이 만들어낸 가장 흔한 종류의 조각품이 되었어요.

교수는 왜 이렇게 말하는가:
P: 어떤 것들인지 알겠죠.

(A) 학생들이 자신의 요점을 이해했는지 판단하기 위해
(B) 자신이 말한 것이 상식임을 나타내기 위해
(C) 많은 사람들이 그 주제에 관심을 갖고 있다는 것을 암시하기 위해
(D) 학생들이 더 연구를 해야한다는 것을 지적하기 위해

🦉 다시 들려주는 말 이전에 교수는 조각품들이 북극의 동물들을 묘사했다(these sculptures depicted the animals of the Arctic)고 말합니다. 이어 북극곰과 바다표범을 언급하며(polar bears, seals) 어떤 것들인지 알겠죠(you know what I mean)라고 말합니다. 이와 같은 문맥을 통해 교수는 북극곰이나 바다표범이 북극 동물임을 아는 것이 상식임을 의미함을 알 수 있습니다.

10 What will the class most likely do after the lecture?

(A) Make sculptures in the Inuit style
(B) Visit an exhibition of Inuit art
(C) View a film on the life of an Inuit artist
(D) Tour a traditional Inuit village

강의 후 반 학생들은 무엇을 할 것 같은가?

(A) 이뉴잇 양식의 조각 만들기
(B) 이뉴잇 예술 전시회에 가기
(C) 이뉴잇 예술가의 삶에 관한 영화 보기
(D) 전통 이뉴잇 마을 관광하기

🦉 교수는 반 학생들에게 이제 출발하지 않으면 미술관 견학에 늦겠다(We should get going or we will be late for our tour of the gallery)고 이야기 합니다. 이를 통해 반 학생들이 강의 후 이뉴잇 예술 전시회에 갈 것임을 유추할 수 있습니다.

실전 연습 2

[11~15]

Listen to part of a lecture in geology class.

OK... Most of you probably think of rocks as unmoving objects, right? Well... the thing is, in Death Valley, which is a desert in California, the rocks move around. I know it sounds strange... but it's true! [11]Today, I want to discuss a couple of theories about how these rocks move in the desert.

One explanation is that the wind is able to move these rocks. I can tell what you're thinking... It is almost impossible for the wind to push a large rock along the surface of the ground. However, this may be possible with certain ground conditions. [12]You see, even though Death Valley is a desert, occasionally there is a lot of rain over a short period of time. The rain causes the desert floor to become mud, which is very slippery. Some scientists think that if the wind is strong enough, the rocks will slide on the mud. And measurements of wind speeds in Death Valley suggest that this is possible.

Recently, researchers have come up with a theory about ice that is very similar to the mud one. [13]According to the ice theory, a series of events could result in the movement of the rocks. First, there is a brief period of heavy rainfall at night.

After the rain has fallen, / the temperature drops significantly.
비가 내린 후에　　　　　　　　온도가 급격히 떨어집니다
And this causes the water on the ground / to change into ice.
그리고 이것은 지면의 물이 초래합니다　　　얼음으로 변하는 것을
¹⁴Finally, / a powerful wind pushes the rock / along the ice. As I
마지막으로　　강한 바람이 돌을 밀어냅니다　　　얼음을 따라
am sure / you know, / ice is even more slippery than mud. So it
저는 확신하는데　여러분이 알고 있다고　　얼음은 진흙보다도 훨씬 더 미끄럽죠
would be kind of like / the rock is skating.
그래서 그건 마치 ~ 같다고 할 수 있을 거예요　돌이 스케이팅을 하는 것
¹⁵Of course, / it's almost impossible / to say which theory is right.
물론　　　　거의 불가능해요　　　어떤 이론이 옳다고 말하기는
I mean, / no one has even seen the rocks move... We can just
제 말은　　아무도 돌이 움직이는 것조차 보지 못했어요
see the long tracks / the rocks leave in the desert. Hopefully
우리는 단지 긴 자국 만을 볼 수 있을 뿐이에요　돌이 사막에 남긴
researchers will one day be able to solve this mystery.
　　　　연구자들이 어느 날 이 미스터리를 풀 수 있길 바래요

을 초래합니다. ¹⁴마지막으로, 강한 바람이 얼음을 따라 돌을 밀어냅니다. 여러분이 알고 있다고 저는 확신하는데, 얼음은 진흙보다도 훨씬 더 미끄럽죠. 그래서 그건 마치 돌이 스케이팅을 하는 것과 같다고 할 수 있을 거예요.

¹⁵물론, 어떤 이론이 옳다고 말하기는 거의 불가능해요. 제 말은, 아무도 돌이 움직이는 것조차 보지 못했어요… 우리는 단지 돌이 사막에 남기고 간 긴 자국 만을 볼 수 있을 뿐이에요. 연구자들이 어느 날 이 미스터리를 풀 수 있길 바래요.

11 What does the professor mainly discuss?

(A) The distinguishing features of desert rocks
(B) Characteristics of the Death Valley region
(C) Possible explanations for the movement of rocks
(D) Common misperceptions about various rock formations

교수는 주로 무엇에 관해 논의하고 있는가?

(A) 사막의 돌의 독특한 특성
(B) Death Valley 지역의 특징
(C) 돌의 움직임에 관한 가능한 설명
(D) 다양한 돌의 형성에 대한 일반적인 오해

중심 내용임을 알려주는 표시어 "Today, I want to discuss ~" 이하에서 교수는 사막에서 어떻게 돌이 움직이는지에 대한 몇 가지 이론(a couple of theories about how these rocks move in the desert)에 관해 논의함을 알 수 있습니다.

실전 연습 2

12 According to the lecture, what is a characteristic of the weather in Death Valley?

(A) Heavy rain that lasts for a short time
(B) Long periods of very cold temperatures
(C) Strong winds that blow continuously
(D) Constant rain throughout the year

지문에 따르면, Death Valley의 기상 특징은 무엇인가?

(A) 짧은 기간 동안 지속되는 폭우
(B) 긴 기간의 매우 추운 온도
(C) 끊임없이 부는 강한 바람
(D) 일 년 내내 한결같이 오는 비

교수의 말에서 Death Valley의 일반적인 기상 상태는 짧은 기간 동안 많은 양의 비가 내리는(there is a lot of rain over a short period of time)것임을 알 수 있습니다.

13 The professor outlines the four events that cause the rocks to move according to the ice theory. Put the events listed below in the correct order.

Event 1	(C) Rain falls for a short time.
Event 2	(A) The temperature becomes cold.
Event 3	(B) Water on the ground freezes.
Event 4	(D) The wind pushes the rock.

교수는 얼음 이론에 따라 돌을 움직이게 만드는 네 가지 사건을 간략하게 설명합니다. 아래의 사건들을 올바른 순서대로 나열하세요.

사건 1	(C) 짧은 기간 동안 비가 내린다.
사건 2	(A) 온도가 추워진다.
사건 3	(B) 지면의 물이 얼어붙는다.
사건 4	(D) 바람이 돌을 밀어낸다.

교수는 일련의 사건들이 돌의 이동을 초래한다고 합니다. 돌의 이동 과정은 순서를 나타내는 표시어를 통해 알 수 있습니다. 첫째(First), 밤에 짧은 기간 동안 많은 비가 오고(there is a brief period of heavy rainfall at night), 비가 온 후(After the rain has fallen), 온도가 급격히 떨어집니다(the temperature drops significantly). 그리고(And), 이것이 지면의 물이 얼음으로 변하는 것을 초래하고(this causes the water on the ground to change into ice), 마지막으로(Finally), 강한 바람이 돌을 밀어냅니다(a powerful wind pushes the rock).

정답·해석·해설

14 Why does the professor mention skating?

(A) To demonstrate that mud is very slippery
(B) To illustrate how the rocks may move
(C) To explain a unique trait of desert ice
(D) To emphasize the strength of the wind

교수는 왜 스케이팅을 언급하는가?

(A) 진흙이 매우 미끄럽다는 것을 설명하기 위해
(B) 어떻게 돌이 움직일 수 있는지를 묘사하기 위해
(C) 사막의 얼음의 독특한 특징을 설명하기 위해
(D) 바람의 강도를 강조하기 위해

> 교수는 강한 바람이 얼음을 따라 돌을 밀어낸다(a powerful wind pushes the rock along the ice)고 말하면서 이것은 마치 돌이 스케이팅하는 것 같다(it would be kind of like the rock is skating)고 말합니다. 교수는 스케이팅을 언급함으로써 얼음을 따라 돌이 어떻게 움직일 수 있는지를 묘사하고 있습니다.

15 What is the professor's attitude toward the theories?

(A) She is uncertain about which is correct.
(B) She is doubtful that either is possible.
(C) She is convinced that neither is likely.
(D) She is sure that both are right.

이론에 대한 교수의 태도는 어떠한가?

(A) 그녀는 어느 쪽이 맞는지 확신하지 못한다.
(B) 그녀는 어느 쪽도 가능하다고 생각하지 않는다.
(C) 그녀는 모두 불가능할 것이라고 확신한다.
(D) 그녀는 모두 옳다고 확신한다.

> 교수는 두 가지 이론에 대해 어떤 이론이 옳다고 말하는 것은 거의 불가능하다(it's almost impossible to say which theory is right)고 말합니다. 이와 같은 말을 통해 교수는 어떤 이론이 맞는지 확신하지 못하고 있음을 알 수 있습니다.

실전 연습 2 **231**

HACKERS
LISTENING
intro

초판 19쇄 발행 2024년 2월 5일
초판 1쇄 발행 2008년 1월 2일

지은이	해커스 어학연구소
펴낸곳	㈜해커스 어학연구소
펴낸이	해커스 어학연구소 출판팀
주소	서울특별시 서초구 강남대로61길 23 ㈜해커스 어학연구소
고객센터	02-537-5000
교재 관련 문의	publishing@hackers.com
동영상강의	HackersIngang.com
ISBN	978-89-90700-48-3 (18740)
Serial Number	01-19-01

저작권자 © 2017, 해커스 어학연구소
이 책 및 TAPE, 음성파일의 모든 내용, 이미지, 디자인, 편집 형태에 대한 저작권은 저자에게 있습니다.
서면에 의한 저자와 출판사의 허락 없이 내용의 일부 혹은 전부를 인용, 발췌하거나 복제, 배포할 수 없습니다.

전세계 유학정보의 중심,
고우해커스 (goHackers.com)
고우해커스
· 토플 라이팅/스피킹 무료 첨삭 게시판 및 토플 공부전략 무료 강의
· 국가별 대학 및 전공별 정보, 유학Q&A 게시판 등 다양한 유학정보

외국어인강 1위,
해커스인강 (HackersIngang.com)
해커스인강
· 나에게 맞는 강의를 골라 들을 수 있는 **목표 점수별 토플 무료 강의**
· 교재에 수록된 어휘를 언제 어디서나 들으면서 외우는 **무료 단어암기 MP3**
· 해커스 토플 스타강사의 **본 교재 인강**

[외국어인강 1위] 헤럴드 선정 2018 대학생 선호브랜드 대상 '대학생이 선정한 외국어인강' 부문 1위